心と体を　調律する

# 月めぐり習慣

松岡純子
月よみカウンセラー

Discover

# はじめに

本書は「月を使って、心と体を調律する」メソッドを紹介しています。

月の満ち欠けサイクルを活用して心と体を整え、潜在能力をいかして幸せをめぐらせていくことをサポートします。


**占星学において、「月」は、過去、記憶、感情、幼少期、インナーチャイルドなど、無意識の心の動きを示します。**そのため、カウンセリングを通じて過去の問題を解消する手段として活用されてきました。

私は、この「月」をとり入れたカウンセリングや講座で、これまでに3000名以上の人生に変化をもたらしてきました。


すべての悩みの根源には、未解決になっている過去の記憶が関わっています。

子どもの頃まわりの環境に適応しようと、偽りの自分を演じてはいませんでしたか？

子どもは、まわりの環境をスポンジのように吸収します。そのため、周囲に適応しようと本当の自分ではない自分を演じてしまうことがあります。

やがて、自然体の自分を見失っていきます。

大人になっても偽りの自分を演じ続けてしまい、それが本当の自分だと思い込んで生きている人が多くいます。子どもの頃の影響はとても根深く、人生がスムーズにめぐらない原因になります。思いあたることがある、そんなあなたにお伝えしたいことがあります。

**まずは「がんばる」ことを終わらせて、「緊張」をやわらげていきましょう。**

やりたくないことを無理に続けていたり、自分を犠牲にしたりして、心と体が緊張していませんか？

緊張していると、心と体に不調が生じやすくなります。反対に、自発的な行動であれば、どんなにがんばっていても心と体はゆるんで調子がいいはずです。

そして、過去を片づけるために一番大切なことは「ゆるむ」ことです。

心がゆるむと、自由で創造的な生き方ができます。

体がゆるむと、疲れがとれて免疫力が向上します。

ゆるむだけで、自然に心と体を調律することができ、がんばらなくてもすべてがスムーズにめぐっていきます。


**そして、ゆるむために最も必要なことは、「ゆるす」ことです。**


多くの人は、自分自身をゆるしていません。今の自分をゆるせずにがんばり、今に満足することができずにがんばって、いつも心と体が緊張しています。

外側に向けていた意識を自分の内側に向けて、本当の自分の思いや考えに気づいていきましょう。感情も、過去の記憶も、思い込みも、繰り返していたパターンも、ありのままの自分に気づいたら乗り越えることができます。

また、自分の内側に意識を向けることは、自分が本当に望んでいる欲求を理解し、本来の自分を取り戻し、潜在能力を発揮していくことにつながります。


「そんな話、信じられない」

そう思うのも無理はありません。しかし、私自身も、月の満ち欠けサイクルを意識するようになってから、劇的な変化を体験したひとりです。

かつての私は、がんばりすぎて心も体も悲鳴をあげていました。

しかし、月の満ち欠けサイクルを意識するようになってから、繊細でネガティブ志向だった心は改善され、体調不良が続いていた状態から解放されました。そんな経験からも断言することができます。

**月の満ち欠けサイクルが、心と体、そして人生に与える力は絶大です。**

現在、私は月よみカウンセラーとして、また占星術家として、カウンセリングや講座などを行なっています。

以前は、理容師、美容家、エステシャン、ボディセラピスト、色彩カウンセラー、調理師などのスキルを通して、年齢や性別を問わず、多角的なアプローチで、のべ4万人以上の総合的なケアに携わっていました。

これまで多種多様な心と体の悩みに向きあい、解決策を模索しながら、なぜ人は悩むのか、どうすれば人は悩みから解放されるのか、悩みの根源にあるものは何かを考え続けました。

また、東日本大震災のボランティア活動では、どうしたら人は生きていく希望を取り戻し笑顔になれるのか、真の幸せとは何なのかを問い続けました。

そして、最終的にたどり着いたのが「月」だったのです。

月の満ち欠けの力を、ヘアケアやスキンケア、ボディケアやメンタルケア、食事や日常の暮らしに至るまでとり入れて、その効果を確認してきました。

月を使うことで、私自身が本当に望んでいる欲求に気づき、本来の自分を取り戻し、潜在能力を発揮できるようになったのです。そして、月よみカウンセラー、占星術家としての人生を歩むようになり、悩みを抱えた人がありのままの自分を生きるためのサポートをしています。

**そんな私が見つけたメソッドは、「新月が起こる星座」を1か月間のテーマにし、その星座の欲求を満たしながら、心と体をゆるませていく方法です。**

**このメソッドは、月の満ち欠けサイクルのカレンダー「旧暦」を使います。**

**なぜなら、旧暦では「新月」から1か月がスタートするからです。**そして12か月をかけて、12星座の欲求を1年かけて満たしていきます。

旧暦は、現在の暦とは違うので注意が必要です。
本書では、旧暦1月の1週目、2週目と週ごとに心と体の調律方法を紹介していますが、現在の暦とはズレがあります。たとえば、旧暦1月の1週目は、現在の暦でいうと1月後半~2月の頭ぐらいの時期になります（詳しくは、231ページ参照）。旧暦になじみのない人には、少しややこしいかもしれませんが、月のパワーを味方につけるためには、旧暦カレンダーをベースにすることが必要です。

さらに、**月の満ち欠けサイクルを4つにわけて、「①かわる」→「②みたす」→「③いかす」→「④ゆるす」の順で、1週間にひとつずつどんな行動をとるといいかのご提案をしていきます。**

新月は、あなたが「かわる」ことをあと押ししてくれます。
上弦の月は、あなたを「みたす」ことをお手伝いしてくれます。
満月は、あなたを「いかす」ことを応援してくれます。
下弦の月は、あなたが「ゆるむ」ことを手助けしてくれます。

最後になりましたが、占星学の視点では、これからの時代はさらに変化していくことが予測されます。太陽系の中で最も地球から遠い「冥王星」は、時代の移り変わりを教えてくれる惑星です。その冥王星は、２０２４年11月20日に「水がめ座」に移動します。

冥王星が水がめ座にあるときは「変革の時代」となります。そして、約20年後の２０４４年1月には、冥王星はうお座に移動し「精神愛の時代」に突入するのです。「変革」の20年を経た先に「精神愛」へと移行できるか、私たちは試されていくことになります。

そんな激しい変化のときにおいても、月のリズムを生活に活用することで本来の人間らしさを取り戻し、この時代を健やかに生きていきましょう。

多くの人が、月によってやわらぎ、恵みを受けとり、幸せがめぐるよう願っています。

２０２４年8月　松岡純子

# 心と体を調律する月めぐり習慣　もくじ

**購入者限定
ダウンロード
特典**

本書で紹介している
各月の毎週ごとの
「心の調律」「体の調律」を
一覧にしました。

いつでも心と体を
ゆるめられるように、
下記よりダウンロードして
お使いください。

**毎週の調律方法のまとめ**

URL：https://d21.co.jp/formitem/
ユーザー ID：discover3092
パスワード：tuning

# 本書の使い方

## ①旧暦を調べる

本書は旧暦にそって心と体を整える方法を紹介しています。現在の暦とは違ってくるので、今日が旧暦だと何月の何週目にあたるのかをチェックしましょう。231ページの旧暦カレンダーを参考にしてください。

## ②今月のページをひらく

今日が旧暦の何月何週目にあたるのか調べたら、その月のページを開いてみましょう。「今月の傾向」「今月の過ごし方」「今月の心の調律」「今月の体の調律」を見て、どんな行動を起こそうか、どんな月にしようかと考えてみてください。

## ③週ごとのページをひらく

その週にやっておきたいことや、週ごとの「心と体の調律方法」を解説しています。ぜひ、毎週のケアをしながら、自分の心と体に向き合う時間をつくってみましょう。

## ④序章でメソッドの確認も

「なぜ旧暦1月が水がめ座新月なのか」「なぜ1月には頭部ケアをするのか」が気になったら、15ページからの序章の解説を読んでみてください。本書の月めぐりメソッドがより深く理解してもらえるはずです。

# 序章

## なぜ今、月が大切なのか

# 「月」を生活の中にとり入れる

## 自然とともにある旧暦の暮らし

皆さんは、月を眺めていますか？

月は、古くから時を刻む「大自然の時計」として、太陽とともに活用されてきました。**今から150年以上も前に使われていたカレンダーの「旧暦」は、「太陰太陽暦」とも呼ばれ、月（太陰）と太陽の両方の動きを基本にしたカレンダーです。**

「月の満ち欠け」をもとに1か月を決め、「太陽の動き」で1年が決められていました。そして、3年に1回ほど「閏月《うるうづき》」というよぶんな月を入れて季節とカレンダーがずれないように調整されます。

日本では、1873年1月1日に「旧暦」から、現在の新しいカレンダー「グレゴリオ暦」に切り替わりました。グレゴリオ暦は、太陽の動き「太陽暦」のみをもとにしたカレンダーで、「月の満ち欠け」は排除されました。

つまり、現在のグレゴリオ暦に変わり、月の満ち欠けのリズムにそった暮らしから、私たちは切り離されてしまったのです。

太陽は、交感神経に働きかけて緊張をもたらし、「がんばること」をあと押しします。そのため、太陽の動きのみをもとにしたグレゴリオ暦を活用している現代の暮らしは、常に忙しく慌ただしく、いつも時間に追われて余裕がありません。そして、心はいつも張り詰め、体はいつも緊張しています。

その結果、生きている意味がわからない、何のために生きているのかなど、人生に迷いが生じやすい時代になったのではないでしょうか。

時代の流れの中で、私たちは何か大切なものを置き去りにしてきたのかもしれません。

旧暦を用いていた頃、人間の暮らしは月や自然とともにありました。

**私たちは今、月と一緒にあった生き方や暮らしを取り戻し、月が教えてくれることを日常にいかしていく、そんな流れの中にいるのだと強く感じています。**

月は、人間が誕生するずっと前から、45億年ものあいだ変わらずに地球とともに存在し、地球の周りをまわり続けています。常に形を変えながら、私たちが変わることをあと押しして、ゆるんで自然体で生きることの大切さを伝えてくれます。

そして、夜空に浮かぶ月が暗闇を照らしているように、私たちの人生を幸せに導く道標として、さまざまなことを教えてくれます。

## 夜空を見上げて月とつながる

そんな月が、どのようにして誕生したのかについては諸説あります。有力なものが「ジャイアントインパクト説」という、地球に小天体が衝突し、その破片が集まり月がつくられたという説です。

もしその説の通り、地球の一部が私たちの見ている月となっているのなら、地球と月は一心同体であり、地球に住む私たちにとっても、運命共同体であるといえるのではないでしょうか。

また、月は地球の自転の速度を調整していて、「もしこの世界に月がなかったら、地球上の生命の進化はなかっただろう」という科学者もいるほど、月と地球は密接に関係しているのです。

今こそ、私たちと運命共同体である月とつながって、人間本来の力を取り戻しましょう。その第一歩として、ぜひ今日から夜空を見上げてみませんか?

「新月」は、夜空に月が見えることはありません。「三日月」は、太陽が沈んでから1時間ほど、西の空で見ることができます。

昼の空に浮かび、日中に見ることができるのは「上弦の月」です。「満月」は、太陽が沈んだあとに東の空から昇ってきます。満月を過ぎると、東の空から月が昇る時間が徐々に遅くなっていきます。

**空に浮かぶ月を眺めるだけでも、あなたの心と体が月のリズムと同調しはじめ、リラックスしてゆるんだり、女性ホルモンのバランスが整ったりなど、いいことづくしです。**

そして、月を眺めることは、自然と「旧暦」を意識することにつながっていきます。なぜなら旧暦は、「新月」が1か月の始まりの「1日」となり、次の「新月」の前までを1か月間としているからです。

旧暦は、中国で誕生し、それをベースに日本の気候や風土、農耕や文化に適した形に改変されました。日本人の感性により、独自に発展したものです。そのため、旧暦1月は「睦月」などのように、日本独自の月の呼び名がつけられています。

**本書では、月の満ち欠けリズムに沿った「旧暦」を活用しながら、心と体を整えていくための提案をしていきます。**

## 【月の形とおおよその昇る時間】

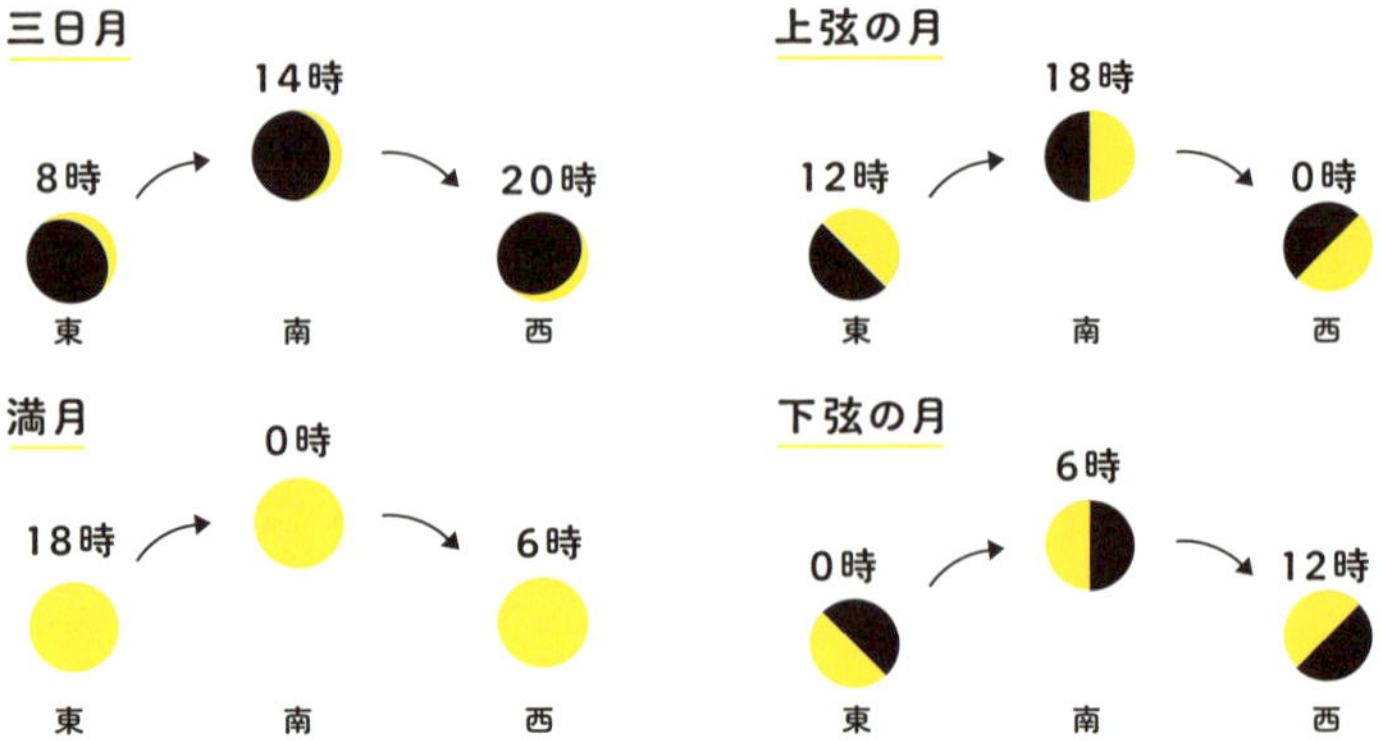
三日月
8時
14時
20時
東
南
西
上弦の月
12時
18時
0時
東
南
西
満月
18時
0時
6時
東
南
西
下弦の月
0時
6時
12時
東
南
西

## 【月の満ち欠け】

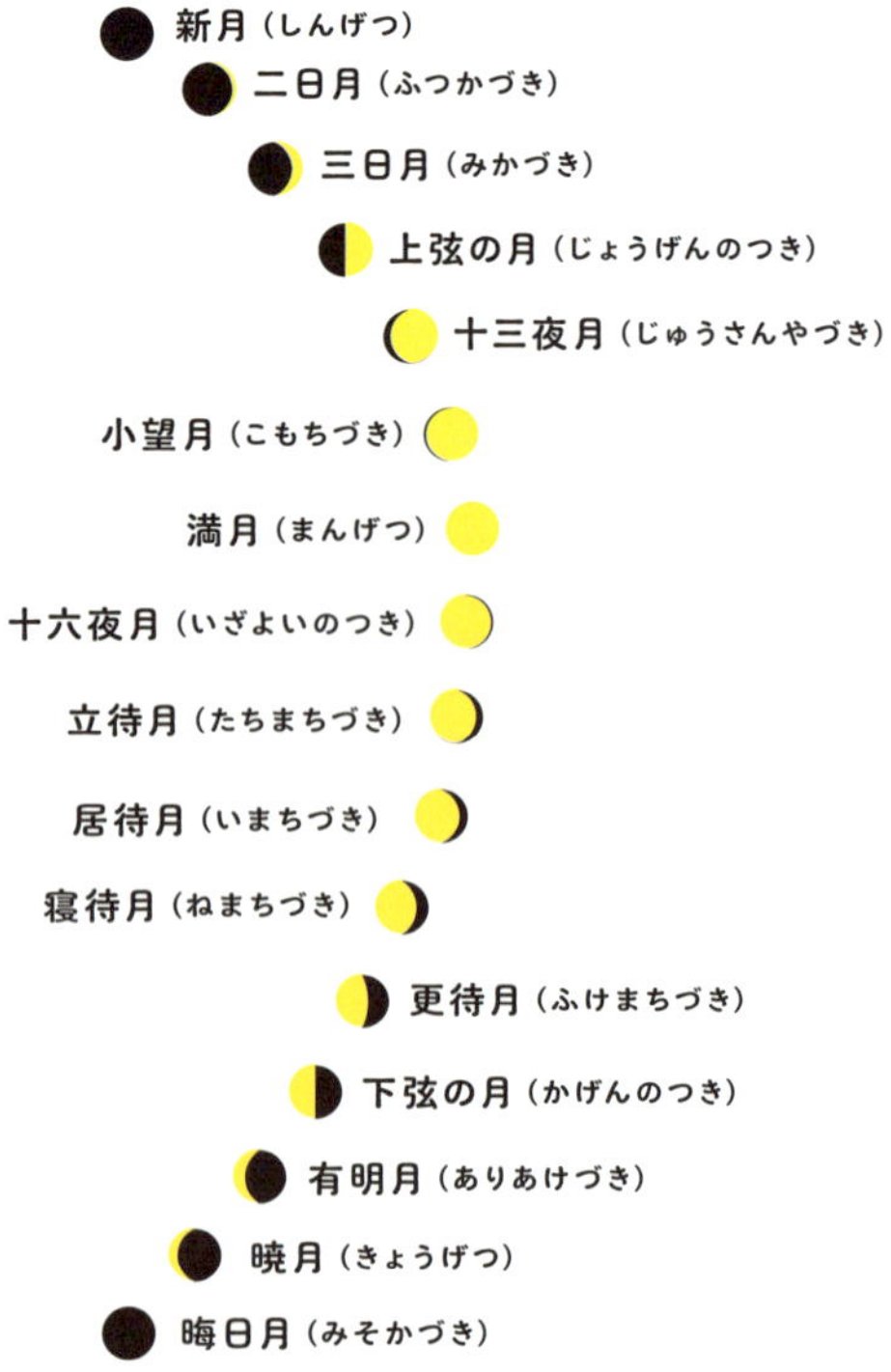
新月（しんげつ）
二日月（ふつかづき）
三日月（みかづき）
上弦の月（じょうげんのつき）
十三夜月（じゅうさんやづき）
小望月（こもちづき）
満月（まんげつ）
十六夜月（いざよいのつき）
立待月（たちまちづき）
居待月（いまちづき）
寝待月（ねまちづき）
更待月（ふけまちづき）
下弦の月（かげんのつき）
有明月（ありあけづき）
暁月（きょうげつ）
晦日月（みそかづき）

# がんばるから、ゆるむへ

## 月のリズムで自律神経のバランスを整える

今、多くの人にとって必要なのが「心と体をゆるめる生き方」です。

日本人は、がんばることを美徳としてきましたが、現代社会は忙しく、がんばりすぎる状況が続いています。心の中では休みたいと思っていても叶わないため、常にイライラしていないでしょうか。

私たちは、小さい頃から「がんばれ、がんばれ」といわれ、順位をつけられて育ちます。「もう無理だ」と心の中で叫び声を上げているにもかかわらず、大人になっても一生懸命がんばります。**子どもから大人までみんな疲れきっているのです。**

そしてプツンと糸が切れて、心と体のバランスを崩し病気になってしまうケースも多くあります。うまくバランスをとらないと、強制的なストップがかかるのです。働くことも大事ですが、休むことはもっと大事なのです。

がんばると心と体は「緊張」します。緊張の反対は「ゆるむ」です。
緊張すると交感神経が優位になり、反対にゆるむと副交感神経が優位になります。この2つの自律神経のバランスを整えるために有効なのが「月の満ち欠けリズム」を意識した暮らしです。

詳しくは28ページで説明しますが、新月から満月に向かい、月が満ちていくときはがんばることをサポートしてくれます。反対に、満月から新月に向かい、月が欠けていくときはゆるむことを助けてくれます。

**がんばりすぎて心と体が疲れきってしまっている人は、月が欠けていく時期に休んだり、リラックスしたりする自分をゆるしてあげることからはじめてみましょう。**

体がゆるむと疲れがとれて、免疫力が向上します。そして、心と体をゆるめると、自由で創造的な生き方をすることができます。

もし今、自分の意思ではなく自己犠牲的な「親から愛されるため」「まわりの期待に応えるため」「人に喜ばれるため」「誰かに認められるため」だけに無理してがんばっているのだとしたら、まず先に自分で自分を愛し、自分に期待し、自分を喜ばせ、自分を認めてあげましょう。

自分ではないものや偽っていたものを手放して、ゆるみ脱力しながら本当の自分に還っていきましょう。そのサポートをしてくれるのが「月」なのです。

## 月を眺めながら深い呼吸をして、ゆるしゆるむ

ゆるむには、「ゆるす」ことが最も大事です。

ゆるせていないと、どこかに緊張感が残り、完全にゆるむことができません。

**「ゆるしゆるむ」ためにも、まずは体のどこかに緊張はないか、こわばって変な力が入っていないか、滞りや不快なところはないかを感じていきましょう。**

また、過去の苦しみや傷をゆるすことで、心は解放されてゆるんでいきます。

ゆるしゆるむために、自分の感情をそのまま受け入れたり、気持ちや心の整理をしたり、「こうあるべき」と思い込んでいたものに気づきながら、過去を乗り越えていきましょう。

そのためには、本書の毎週の調律方法を参考にして行動を起こしてみてください。

そのほかに、ゆるしゆるむために必要なことを3つ挙げると、「自然」「深い呼吸」「静かな時間」です。

体は正直で、自然ではないものには、反応を起こします。

森林浴など自然の中に行けば、誰もが呼吸が深くなるのを体験しているはずです。自然のものに触れると、ゆるんで呼吸が深くなっていきます。

たとえば、ポリエステルなどの化学繊維の服を着ているときと、天然繊維である綿でできた服を着ているときの呼吸の深さの違いを感じてみてください。

綿でできている服のほうが、心地よく過ごせるのではないでしょうか。

そして、**ゆるしゆるむために最もおすすめの方法は、月を眺めながら呼吸に意識を向けてみることです。**

それだけで「自然」「深い呼吸」「静かな時間」の3つすべてがそろい、ゆるしゆるむことがスムーズに進んでいきます。

月めぐりメソッド理論①

# 月の満ち欠けと心のつながり

## 月の引力が、心と体に影響を与えている

月は、私たちの心に影響を与えます。

どのように月が私たちの心へ影響を与えるのかは、月の形や月がどの星座の位置にあるのか、月と惑星との位置関係などから知ることができます。

私たちの心は、昔から変わらずに月のリズムにそって、揺れ動き変化しています。

日本の伝統文化である「和歌」にも、月は数多く登場し、季節とともに情緒が織り込まれていることから、人の心は月とともにあることが理解できます。

心理学者ユングも、「古代からの叡智に心理学的な真実があり、占星術とは五千年の歴史を持った心理学である」と述べています。

近年では、マイアミの精神科医が、精神科病棟の患者の行動が周期的に乱れることに気づき、月と人間の行動の関係性を科学的に解明しました。そのことが書かれている『月の魔力』（アーノルド・L・リーバー著／東京書籍）という本の中では、**潮の満ち引きと同じように、人間の体の80%の水分が、月の引力の影響を受けて満ち引きを起こしていると考えられると発表し、そのことを「バイオタイド」と名づけています。**

海面が最も高くなる「満潮（大潮）」は「新月」と「満月」に起こり、そのときに月の引力は最大になります。月の引力が最大になると、海と同様に体内の水分も増加するため、細胞組織などに緊張が生じ、興奮しやすくなったり怒りっぽくなったりなど、感情や行動に影響があると考えられています。

海は生命誕生の場といわれ、人間の血漿に含まれるミネラル成分のバランスは、海水のミネラル組成とそっくりであることがわかっています。また、お母さんの子宮の中の「羊水」も海水と同じく、生命維持や健康に必要なすべての物を含んでいます。

これらのことから、海の満ち引きと人の生命活動が連動していることが理解できるのではないでしょうか。

さらに、元兵庫県警で高速道路の警察隊員、黒木月光さんは、600万件のデータをもとに統計をおこない、交通事故の発生と月齢との関係を記した『満月と魔力の謎』（黒木月光／二見書房）という本を執筆しました。

そこには、死亡事故につながる暴走型の大事故は「新月」と「満月」に集中している。死亡に至らない、うっかり型の傷害事故は「上弦の月」と「下弦の月」あたりに集中していると書かれています。

この事実は、月が人間の心の状態に影響を与えていることを非常に明確に証明しています。

## 月のタイミングで、心のスイッチが切り替わる

さまざまな研究結果や文献、これまでの私自身の経験を通して、**「新月」「上弦の月」「満月」「下弦の月」の4つの月のタイミングで、心のスイッチが切り替わり、月の満ち欠けサイクルに合わせて変化していく**ことが確認できます。

基本的には、新月から満月までの月が満ちていく時期は、「満たす」ことに向いています。このとき、心は「高揚」「緊張」していきます。

反対に、満月から新月までの月が欠けていく時期は、「ゆるむ」ことに向いています。このとき、心は「沈静」「弛緩」していきます。

4つの月の満ち欠けサイクルの、具体的な心への影響は次の通りです。

**【月の満ち欠けサイクルと心への影響】**

①**新月〜上弦の月**……見えない月から半分まで満ちていくように、何かを満たすために新たに始めたくなる、習慣などを変えたくなるという心が働きます。

②**上弦の月〜満月**……半分の月から完全に満ちるように、何かに励んだり補ったりして完成させ、完全に自分を満たしたいという心が働きます。

③**満月〜下弦の月**……完全に満ちた月から半分まで欠けていくように、満たされたものを外側に放ち、完成したものをわけ与えたくなる心が働きます。

④**下弦の月〜新月**……半分の月から見えなくなっていくように、ゆるしゆるみ手放しながら、これまでのことを終わらせたい心が働きます。

このように、新月から満月に向かって月が満ちていくときは、次第に緊張感が高まり、がんばろうとします。満月に近づけば近づくほど、その作用は強まり、満月で緊張はピークに達します。

【 月の満ち欠けサイクルと心の動き 】

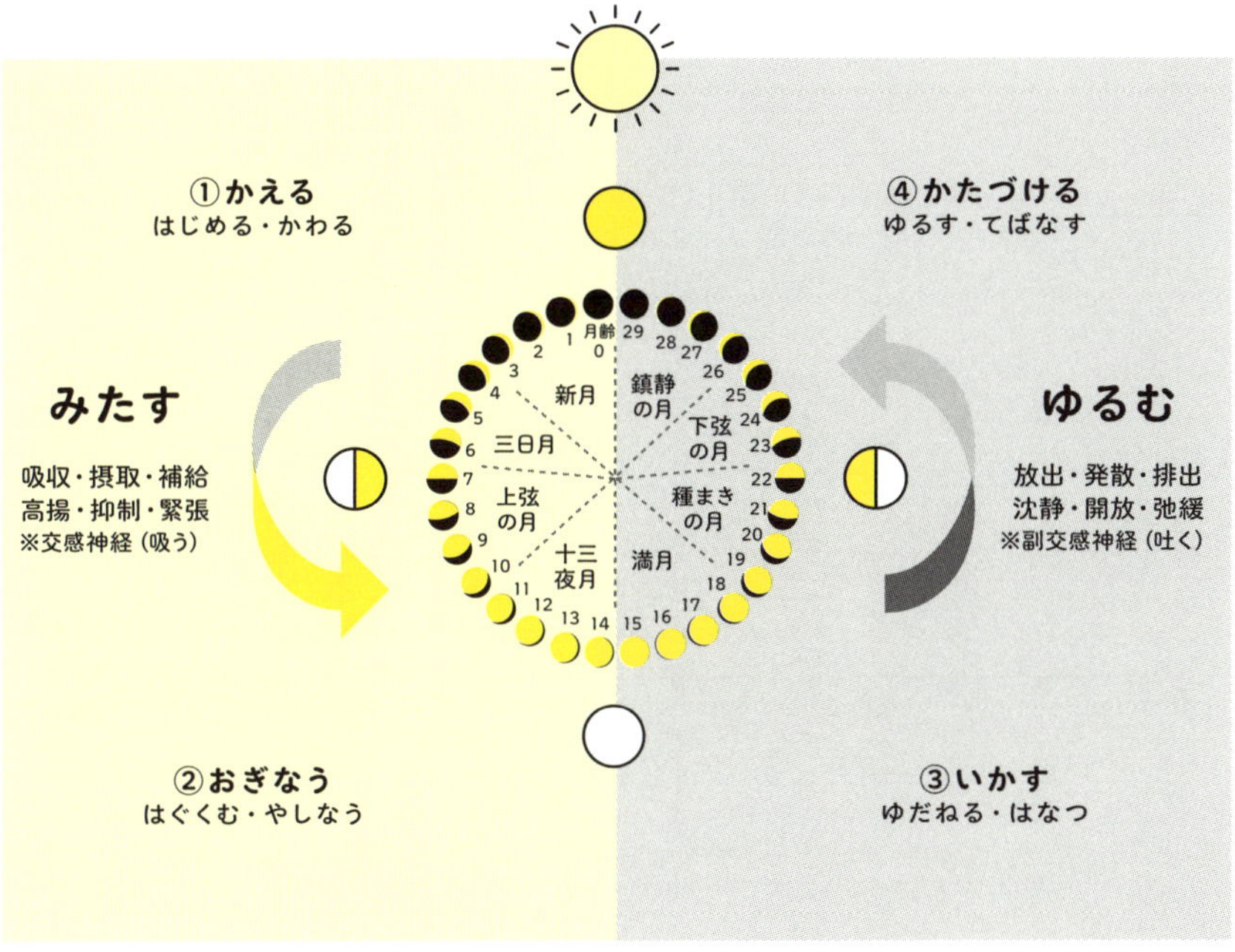

一方、満月から新月に向かい月が欠けていくときは、徐々に緊張が和らいでいき、自然と脱力してゆるんでいく力が働きます。新月に近づけば近づくほど、その作用は強まります。

**まったく見えない新月は、今までの自分の習慣を書きかえて、人生をよりよいものにしていくために、新しいスタートを切る最善のタイミングです。**依存していて手放せなかったことも、新月から始めるとスムーズに断つことができます。

一方、満月は心が最も高ぶりやすく、体は最も吸収するので、心も体もコントロールしにくくなります。

月が心に与える影響を知ることは、心の動きを客観的にとらえることができるため、次第に自分の心と体をコントロールしやすくなってくるでしょう。

幸せを感じるためには、心が波立たずに穏やかであることが大切です。幸せを手にいれるための第一歩として、月が心に与える影響を知り、自分の心の変化に気づいていきましょう。

月めぐりメソッド理論②

# 月の満ち欠けと体のつながり

## 80%が水分の体は、月の引力の影響を受けている

月の満ち欠けにより、月の引力は変化し、海の満ち引きを起こします。

そして、80%が水分でできている私たちの体にも、月の引力は強く作用し、大きな影響を与えています。また、心と体はつながっているので、月の影響によって揺れ動く心は、体の状態にも変化を与えます。

かつての医学関係者は、当たり前のように病気と月の相互関係を知っていました。医学の父と呼ばれるギリシャのヒポクラテスも、月が体に及ぼす影響力を活用していたといわれています。

また近年では、脳と認知学の分野で博士号を取得したトニー・ネイダー医学博士により、人間の体や脳と太陽系の関係が明らかにされています。

その中でも月は、「視床下部《ししょうかぶ》」と対応し、欲求や感情と関係しているとされます。視床下部は、体温を保ったり、食欲を調節したり、眠る時間を決めたりします。また、水分や塩分のバランスを整えたり、月経のような体のサイクルを管理したりします。さらに、視床下部の近くにある海馬と協力して、記憶を思いだしたり考えたりすることを助けています。

占星学でも、月は感情や記憶を司っているとされており、これまでに私が行なってきたカウンセリングでは、子どもの頃の記憶をたどっていくことで、問題解決の糸口につなげてきました。

また、地球上のすべての生命が月の影響を受けていますが、特に女性と月は切っても切れない関係にあります。女性には、生理やホルモンリズムなどの体に備わった自然なリズムがあるからです。また、**女性の生理周期である約28日は、月の満ち欠けサイクルと合致します。**

私自身も月のリズムを活用することで、生理周期が整い、体の状態が好転しました。私の講座を受けられた人の中でも、月の周期を意識することで、生理周期が整ったり妊娠や出産をする人も多くいます。

## 月のリズムに合わせて、体を「みたす」「ゆるむ」

先述したように、月の満ち欠けリズムには「新月」「上弦の月」「満月」「下弦の月」と4つのタイミングがあります。体の大きな切り替わりは、月が満ちていく「新月～上弦の月～満月」と、月が欠けていく「満月～下弦の月～新月」の2つにわかれます。

具体的には、新月から満月までの月が満ちていくとき、体は「みたす」ことに向いています。この時期の体は「吸収・補給・摂取・緊張」にあたります。これをわかりやすく呼吸に置き換えると、体に酸素を取り込む「吸う」イメージです。

反対に、満月から新月までの月が欠けていくとき、体は「ゆるむ」ことに向いています。この時期の体は「放出・発散・排出・弛緩」にあたります。これを呼吸に置き換えると、体から二酸化炭素をだす「吐く」イメージです。

**新月から満月に向かい月が満ちていくときは、補給や摂取による体づくりに向いていますが**、体の吸収する力が高まるために太りやすくなります。

また、添加物など体の害になるものも溜め込みやすいので、良質なものを少しだけ摂取することがおすすめです。満月に近づけば近づくほど、その作用は強まります。

一方、**満月から新月に向かって月が欠けていくときは、体は排出しようとする力が高まる**ため、排毒に向いていて太りにくくなりますが、栄養補給はうまくいかないでしょう。新月に近づけば近づくほど、その作用は強まります。

そのほかにも、ヘアカラーは、満月に近ければ近いほど染まりがよくなり、フェイスパックなども、満月に近づくほど吸収力が上がるので効果的です。

角質ケアや、ボディマッサージなどの老廃物の排泄をあと押しするケアについては、とくに下弦の月以降の新月に近づくほど効果が高くなっていきます。

月めぐりメソッド理論③

# 新月の位置にある12星座のパワー

## 新月は、太陽と12星座のエネルギーを吸収する

月の満ち欠けリズムと、心と体がどのようにつながっているのか理解してもらえたでしょうか。

本書は、ここまで紹介してきた月の満ち欠けリズムから導いた生活習慣の提案だけではなく、**月と12星座の関係から導きだした理論もベースになっています**ので詳しく説明していきます。

太陽の通り道のことを「黄道《こうどう》」といい、月の通り道のことを「白道《はくどう》」といいます。占星学で用いられる12星座は、太陽の通り道の「黄道」を12にわけて使っています。

黄道と白道は軌道がややずれており、それぞれの公転周期も異なるために、月と太

【 太陽の通り道〈黄道〉と月の通り道〈白道〉 】

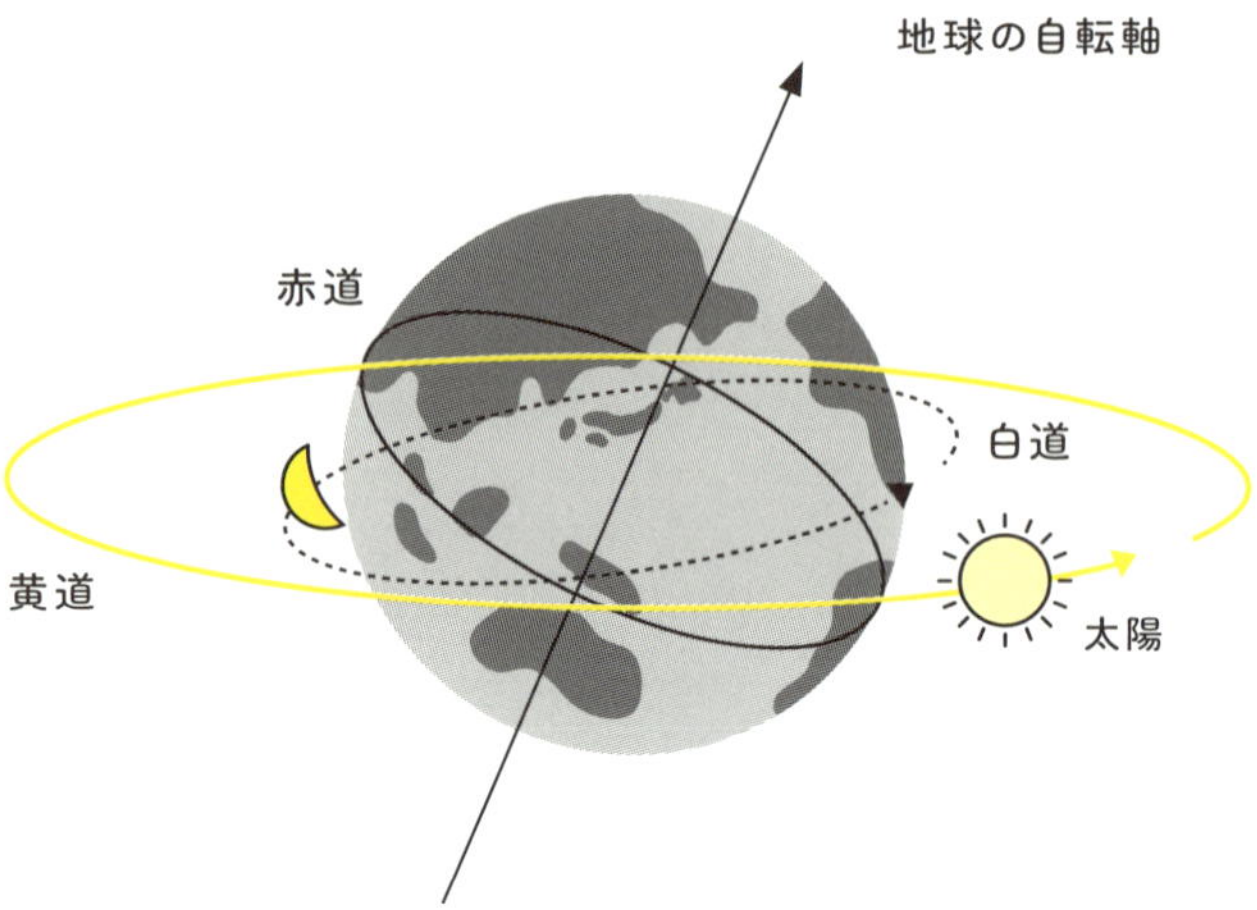


【 黄道の12星座の配置図 】

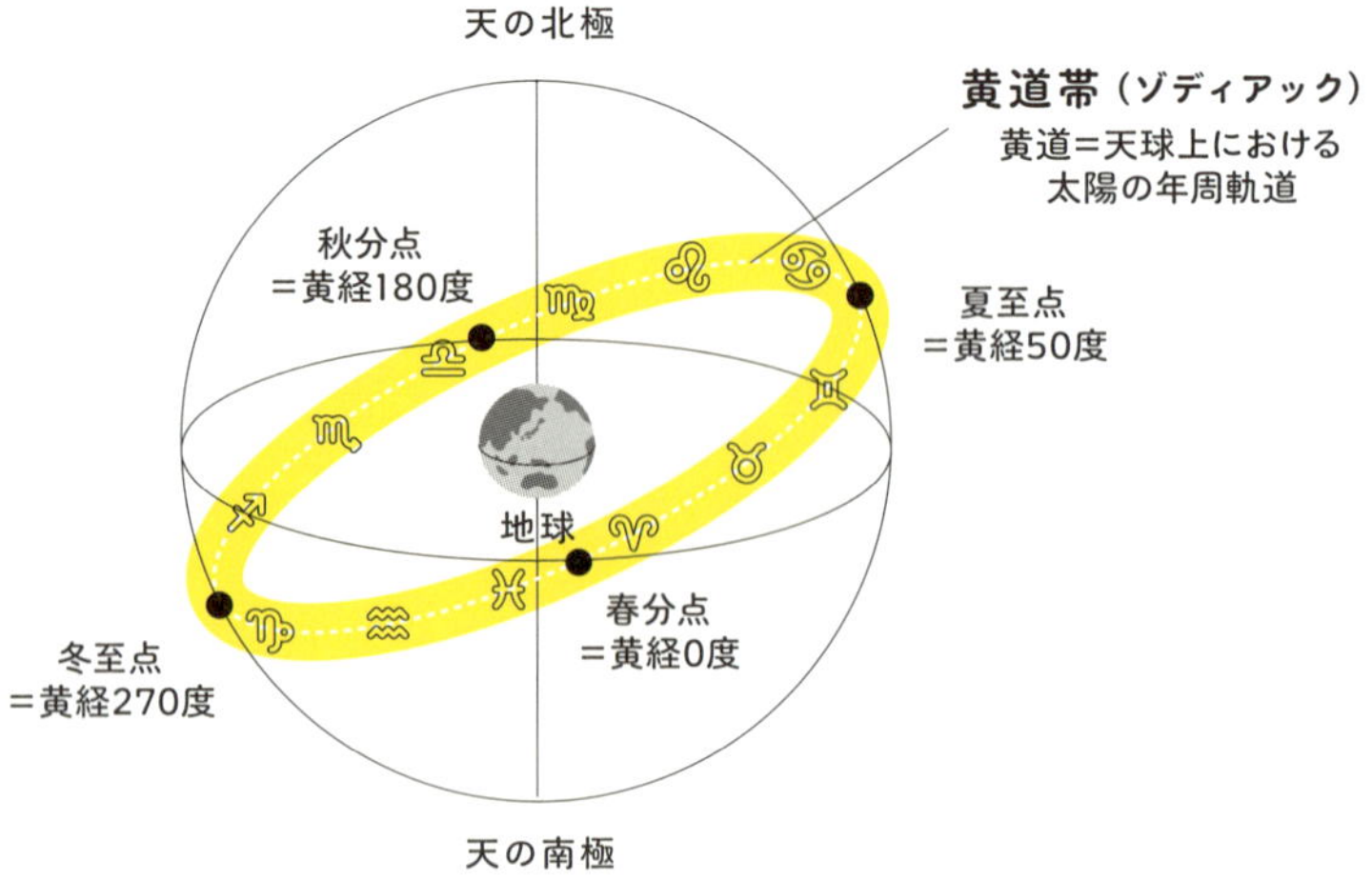

陽は、基本的に重なり合うことはありません。しかし、約29・5日に1度訪れる「新月」のときだけは、月と太陽が同じ星座の方向で重なります。

月は自ら光を放つことはできず、太陽の光を反射させて輝いています。そのため太陽と月の位置によって、そのときどきで月が形を変えているように私たちの目に映ります。

しかし「**新月**」**だけは、地球から見て、太陽にピッタリと重なります**。

このとき太陽の光に、月は隠されてまったく見えなくなり、太陽光のエネルギーを月が吸収します。

**「新月」は、月と太陽が同じ星座の方向で重なるので、その星座のエネルギーも同時に吸収します**。そしてそのあと、次の「新月」までの約29・5日の間、月は満ち欠けをしながら、新月のときに吸収した太陽と星座のエネルギーを地球に届けます。

たとえば、月と太陽が、天びん座の方向で重なれば「天びん座新月」となり、太陽のエネルギーとともに、天びん座のエネルギーを月は吸収します。

そして、満ち欠けをしながら、約29・5日かけて新月のときに吸収した太陽と星座のエネルギーを地球に送り届けます。

そのため「天びん座新月」から、次の新月までの約1か月間は、天びん座のエネルギーが私たちの心身に与える影響が強くなる1か月となり、天びん座の特徴にそった

【 新月のときの太陽・月・地球の位置 】

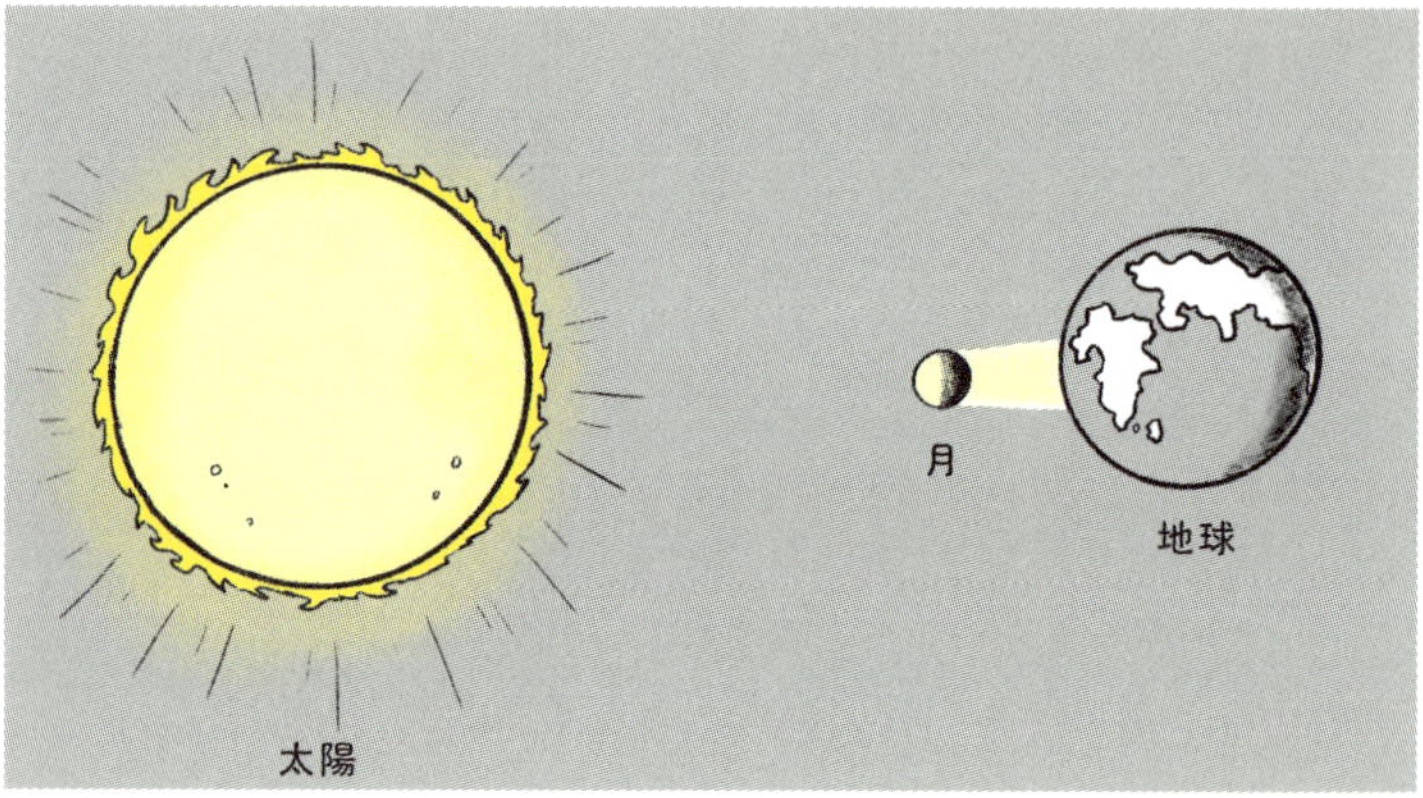

行動をとるのが、心と体にとって自然な流れとなります。

また、月は「感情」、太陽は「意志の力」を意味します。月と太陽が重なる「新月」は、月の「感情」が一旦休息して眠ったようになり、太陽の「意志の力」が宿ります。

つまり新月は、感情に翻弄されずに意志の力を宿すことができる日でもあるのです。**月と太陽が重なりあう「新月」は、とてもパワフルなタイミングになります。**

旧暦では、「新月」が1か月の始まりになっており、「水がめ座新月」は旧暦1月1日、「うお座新月」は旧暦2月1日といったように、基本的には「水がめ座新月」から順に12星座の新月が訪れます。

旧暦の始まりが「新月」で、太陽と星座の力を吸収した月のパワーが最も高まるのも「新月」であることから、本書では、月と12星座を合わせた理論をベースに、月ごと・週ごとの生活習慣を提案しています。

月めぐりメソッド理論④

# 12星座が持つ12の欲求

## 幸せセンサーが壊れ、満たされない私たち

私たちは、常に「欲求」を満たしながら生きています。欲求とは、人間が生まれながらに持つ不足や不満を解消しようとする心の働きです。さまざまな欲求が、私たちの中に存在し、欲求が満たされることで、幸福感や満足感は高まります。

しかし、**現代では欲求が満たされても、満足感がなかなか得られにくい状況で、不満や不足感を抱えやすくなっています。**

なぜ、不満や不足を感じてしまうのか、その理由はおもに2つあります。

ひとつめは、常にまわりと比べられ、競争する教育を受けてきた背景です。他人と競争していると、きりがありません。トップになった人しか満たされない状況になってしまいます。また、今1番になったとしても次はどうなるのかわかりませんし、誰

と競うのかで結果が変わり、とても不安定です。

2つめの原因は、次から次に新しいものがでてくる社会の仕組みです。物や情報が過剰にあふれ過ぎているため感情や思考が安定しません。

理性が働かず、意志の力が弱まり、「衝動」で行動してしまいがちです。欠乏感を埋めるため、不足感を満たすために衝動的な欲求が次々とあらわれてきます。何かを手に入れた途端に、次の欲求がでてきてしまうのです。欲求はきりがなく、足りないと追い求めているうちは、決して満たされることはありません。


常に何かが足りないと感じて心が飢餓状態になってしまい、もう充分という満足を感じる「幸せセンサー」が誤作動を起こしてしまいます。


**衝動的にでてくる欲求を抑えて、追い求めすぎないようにするためには、「幸せセンサー」を正常に起動させて、今に満足することが大切になってきます。**

そのためには、12星座を活用しながら欲求を満たしていくことが必要です。

次からは、12星座がそれぞれ持つ欲求について詳しく説明していきます。

## 各星座のもつ欲求と惑星の関係

占星学では、12星座は12の性質や心理的特性などをあらわしていて、人間の欲求や願望と結びつき、影響を与えると考えられています。

つまり、**私たちの欲求は、12星座のいずれかの欲求にあてはめることができる**のです。12星座ごとの、欲求の傾向は次の通りです。

**【おひつじ座】**……トライアンドエラーで動きだしたい欲求の傾向
**【おうし座】**……自分の資質をいかして安定を手に入れたい欲求の傾向
**【ふたご座】**……言葉を通して伝えあい学びあいたい欲求の傾向
**【かに座】**……豊かな心でつながり支えたい欲求の傾向
**【しし座】**……創造的に表現して褒められたい欲求の傾向
**【おとめ座】**……自分を分析してまわりの要求に応えたい欲求の傾向
**【天びん座】**……まわりとバランスをとり調和をつくりたい欲求の傾向
**【さそり座】**……ひとつのことにしっかり関わって変容したい欲求の傾向
**【いて座】**……探求して視野を広げたい欲求の傾向
**【やぎ座】**……仕組みを形にして認められたい欲求の傾向

【 各惑星が違う星座の位置にある 】

**【水がめ座】**……個性やアイデアをいかして変化を起こしたい欲求の傾向

**【うお座】**……夢を描き、憧れの世界にひたりたい欲求の傾向

さらに、あなたが生まれたとき月・太陽・水星・金星・火星・木星・土星・天王星・海王星・冥王星などの、太陽系の惑星はそれぞれ違う位置にあるので、星座もその惑星ごとに異なるものになります。

つまり、ひとりの人の中に、惑星ごとのそれぞれ違う欲求を持つことになるのです。

少し話が複雑になってきますが、皆さんが**「私は〇〇座です」といっている星座は、生まれたときに太陽があった位置にある星座のことで「太陽の星座」**になります。

そして、生まれたときに月があった位置にある星座は「月の星座」です。この2つの「太陽の星座」と「月の星座」には、自分の性質や心理的特性が最も強くあらわれます。

**占星学では、「月の星座」は本能的なもので、あなたが無意識に求めている欲求を教えてくれます。そして、その欲求は7歳頃までに満たす必要があるとされます。**「月の星座」の欲求が幼い頃に満たされなかった場合、その欲求が極端に強い欠乏感や不足感となってしまいます。その結果、「月の星座」の欲求を過剰に求めて満たそうとする心が働き、人生がなかなかスムーズに進んでいきません。

たとえば「月の星座」がおとめ座の場合、本能的に「自分を分析してまわりの要求に応えたいという欲求」を持っていることになります。子どもの頃にその欲求が満たされなかったら、大人になってから過剰なまでに分析を求めるようになります。

その結果、神経過敏になってしまったり、反対に私にはできないとあきらめて分析できない人になったりします。

また、占星学では、子どもの頃に「月の星座」の欲求を満たしたのち、「太陽の星座」の欲求を満たしながら、自分の可能性を最大限に発揮し、自由な創造性を追求していきます。

「太陽の星座」がおひつじ座の場合、「トライアンドエラーで動きだしたい欲求」の傾向を満たしながら、成長のために自由に創造していくことになります。おひつじ座の欲求を叶えることで、自己の潜在能力を実現していくことができます。「太陽の星座」は30代半ば頃までに満たす必要があるとされています。

**ほかにも「水星の星座」「金星の星座」「火星の星座」など、生まれたときの惑星の位置が違うのでそれぞれ星座が異なり、それぞれ違う欲求を持っているのです。**

「水星の星座」は、学び知りたいことに関する欲求を教えてくれます。たとえば「水星の星座」がやぎ座の場合、「仕組みを形にして認められたい欲求」の傾向があるため、その欲求を満たすために学ぶことになります。「水星の星座」は、小中学生の頃に、その欲求を満たす必要があるとされています。

「金星の星座」は、楽しみ喜ぶことに関する欲求を教えてくれます。たとえば「金星の星座」が水がめ座の場合、「個性やアイデアをいかして変化を起こしたい欲求」の傾向があるため、その欲求を満たすために楽しむということになります。「金星の星座」は、高校生や大学生の思春期の頃に、その欲求を満たす必要があるとされています。

「火星の星座」は、行動し前に進むことに関する欲求を教えてくれます。例えば「火星の星座」がさそり座の場合、「ひとつのことにしっかり関わって変容したい欲求」の傾向があるため、その欲求を満たすために行動して前に進むことになります。「火星の星座」は、30代半ば～40代半ば頃に、その欲求を満たす必要があるとされています。

## 12星座の欲求をバランスよく満たす

このように、**ひとりの心の中には、さまざまな欲求が存在しており、それぞれの惑星の欲求は、12星座のいずれかの傾向を持ちます。**自分のそれぞれの惑星の星座を知ることで、どのような欲求の傾向を強く持つのかを知ることはできます。自分が持っている惑星ごとの星座については、インターネットで調べることができます。「水星星座」「金星星座」などと入力して検索してみてください。

ただ、それがわからなくても、12星座すべての欲求を満たしていくことで、自己の統合と心の調和を加速させることができます。

その結果、今に幸せを感じて満足することができるようになるだけではなく、欲求を追い求めることに幸せはないと気づき、個人的な欲求を超えて、自発的に大きな目的のために生き、喜びから他者や社会に貢献していくことができるようになります。

よりよい人生をめぐらせるためには、何かひとつにかたよらずにバランスをとることが、中庸であることが何よりも大切です。

つまり、12星座の欲求をバランスよく満たすことはとても大事なのです。

自分の持つ複数の惑星が同じ星座の位置の場合もあります。たとえば、水星星座も金星星座もいて座だった人は、「探検して視野を広げたい欲求」の傾向が強くなりますが、その欲求が過剰になると、大きなリスクになったり、過度に集中力が欠けてしまったりする可能性がでてきます。

すべての物事には、必ずポジティブとネガティブの両方の側面があるため、いて座ではない星座を自分の中に取り込み、人生にバランスをもたらすことが必要です。

**12星座をバランスよくとりこむために、本書では12か月の間に12星座を活用して、それぞれの欲求を満たしていきます。**

12星座の欲求を満たしていく中で、次第に幸せがめぐるようになるはずです。

# 「月の星座」は、何よりも深い欲求を教えてくれる

## 月は、私たちの心と体に最も強く作用する衛星

**月の星座の欲求は、「最重要となる深い欲求」といわれ、「感情」の安定に影響を与えます。**そして占星学では、「月の星座」が持つ欲求は7歳頃までに満たす必要があるとしています。

**本書の活用法として、自分の「月の星座」を、インターネットで調べて、その星座の1か月を大切に過ごしたり、とくに意識したりしてください。**子どもの頃の欲求を、今満たしてあげることで、インナーチャイルドが解消されます。

お子さんがいる人は、お子さんの月星座を調べ、子どもの「最重要となる深い欲求」を満たしてあげることで、子育てにもいかせるでしょう。

月は太陽系の惑星ではなく、地球の衛星です。どの惑星よりも地球に近いところにあるため、最も地球に影響を与え、私たちの心や体にも強く作用します。

そして、私たちが見る月の形が変わるのは、月が地球の周りをまわっていて、月がどこにいるかによって、太陽の光の当たり方が変わることが理由です。

月の形が毎日コロコロと変わるように、私たちの「感情」も変わりやすいものですよね。

物理的に月は自ら光を放つことができず、太陽の光を反射して間接的に輝いています。月と同じように、子どもの頃はまだ自ら輝くことはできず、親やまわりの環境の影響を受けて輝いています。

このようなことから、子どもの頃に月の星座の欲求が満たされなかった場合、感情に翻弄され心の安定が得られず、その欲求を満たすための自分探しが始まってしまいます。

**インナーチャイルドは、欲求が満たされていない子どもの頃の自分が、自分の内側で「助けて」と声を上げている状態です。**インナーチャイルドはとても根深く、その人の人生に強い影響を与え、自分の人生を歩むことを足止めさせてしまいます。そして、人生のほとんどの時間を、子どものころ満たされなかった欲求を満たすために費やしてしまうことになります。

現代では、夫婦の関係性が希薄であったり、家族がうまく機能していなかったりと、親や家族との関係が原因となって、ほとんどの人がインナーチャイルドを抱えているアダルトチルドレンであるといえます。

私がこれまで占星学を用いて、さまざまな悩みを抱えた人々にカウンセリングをしてきた中で、インナーチャイルドを抱えていない人がいなかったという事実を確認してきました。

さまざまなケースがありますが、インナーチャイルドを抱えた人は、子どもの頃まわりの環境に適合するために、雰囲気を読んで態度を変え、自分の性格ではない役割を演じ、本当の自分を生きることができていません。

そして、それが原因で、社会生活を送ることが難しくなったり、人間関係がうまくいかないといった悩みにつながっています。


**多くの専門家も、日本人の80％以上が精神的に大人になりきれないアダルトチルドレンだといっているように、精神的に成熟できている人はとても少なくなっています。**

## インナーチャイルドの解消には月の星座を活用する

人生を前に進めるために、生きづらさを解消するために、月の星座の最重要となる本能的な深い欲求は、一度しっかりと自分で満たす必要があります。その欲求が満たされると、感情に翻弄されにくくなります。

占星学的には、月の星座から幼少期の欲求を知ることができるため、インナーチャイルドの解消には、自分の月の星座を知ることが近道になります。たとえば、月の星座がおひつじ座だったとします。その場合、子ども時代に「トライアンドエラーで動きだしたい欲求」の傾向を持ちますが、その欲求を親やまわりの大人から認められず否定されると、自分を肯定できず、自分を受け入れられません。

そして、満たされない欲求を抱えたまま自分ではない役割を演じてしまい、そのスパイラルから抜けだすことができずに、いつまでも生きにくさを感じてしまいます。その生きにくさを解消するには大人になってから、おひつじ座の「トライアンドエラーで動きだしたい欲求」を1度満たす必要がでてきます。

月の星座の欲求が満たされるだけで、人生がスムーズに進んでいく人も多くいます。ぜひ、インターネットなどで自身の月の星座を調べてみてください。

月めぐりメソッド理論⑤

# 12星座が支配する12の体の部位

## 12星座と体の関係

本書では、新月が起こる位置にある星座の性質をもとにして、心身の調律に用いていきますが、ここでは星座が支配する体の部位について解説していきます。

**古代ギリシャの自然哲学では、この世界は、4つの元素「火、地、風、水」から成り立っていると考えられていました。**医学の基礎を築いた古代ギリシャの医師であるヒポクラテスは、この考え方を医学に応用し、健康な状態を保つためには4つの体液のバランスが重要であるとする「四体液説」を唱えたことで知られています。

また、伝統的なインドの医学体系「アーユルヴェーダ」では、「ヴァータ」「ピッタ」「カパ」という3つの生体エネルギーが体内に存在するとします。さらに、「ヴァータ」

【アーユルヴェーダの分類】

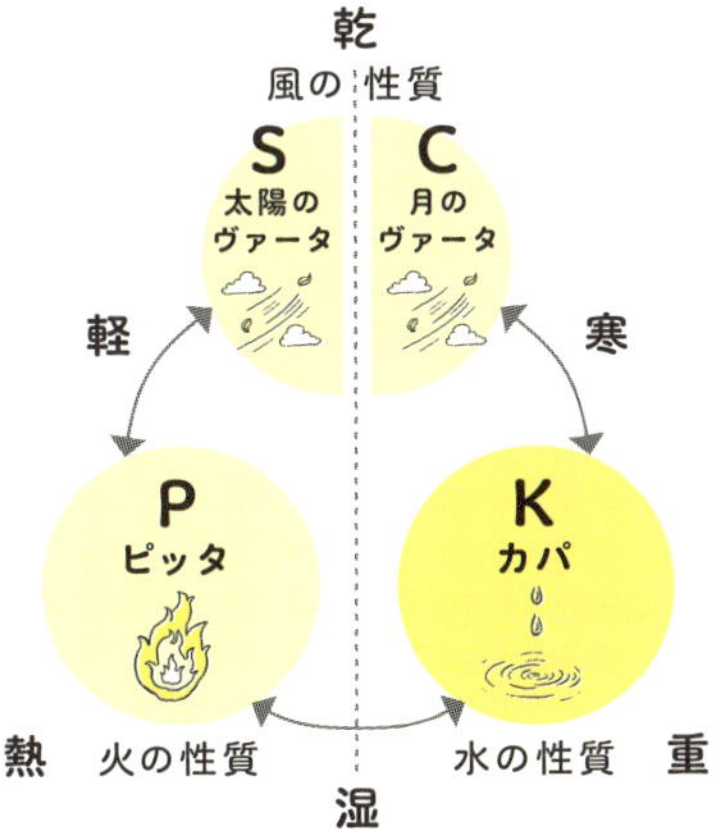


【12星座は4つの元素にわけられる】

※「シャンティ・フーラ」竹下氏の提唱するアーユルヴェーダの4つのドーシャの図から引用

を月と太陽にわけて考えると、4つの元素「火、地、風、水」と同じように4つに分類することができます。

また、この4つの元素「火、地、風、水」は、次のように「乾・湿・熱・冷」いずれかの組み合わせになっていて、それぞれの性質をあらわします。

「火」＝「乾・熱」
「地」＝「湿・冷」
「風」＝「乾・冷」
「水」＝「湿・熱」

そして**12星座も、この4つの元素「火、地、風、水」の性質に分類**されていて、次のように当てはめることができます。

「火」の星座＝おひつじ座、しし座、いて座

「地」の星座＝おうし座、おとめ座、やぎ座
「風」の星座＝ふたご座、天びん座、水がめ座
「水」の星座＝かに座、さそり座、うお座

病気は不均衡によって引き起こされ、健康はバランスを保つことで維持することができます。**バランスが健康の鍵であるということから、本書では12星座を活用して全身のバランスをとっていきます。**

ちなみに、12星座は「4つの元素」に分類することができるだけではなく、さらに「活動」「不動」「柔軟」という「3つの行動傾向」にわけることができます。

「活動」の星座＝おひつじ座、かに座、天びん座、やぎ座
「不動」の星座＝おうし座、しし座、さそり座、水がめ座
「柔軟」の星座＝ふたご座、おとめ座、いて座、うお座

「活動」は、物事を進めるために活発に動きます。「不動」は、安定のために維持し継続します。「柔軟」は、変化をもたらすために臨機応変に動きます。

このように、「4つの元素」と「3つの行動傾向」の組み合わせ（4×3）で、12タイプの性質はつくられ、12星座が存在しているのです。

## 12星座の欲求と似た性質を持つ体の部位

そして体の部位には、それぞれ12星座があてはめられていて、それぞれの星座の性質と似た特徴を持っています。

たとえば、水がめ座は「血液」に対応しています。水がめ座は、変化を全体に広くいきわたらせたいと願っている星座です。血液は、体の隅々まで血液を運びいきわたらせていることから、似た性質を持っています。

また、しし座は「心臓」と性質が似ています。しし座は、自分が主役で中心でありたいと願っている星座です。心臓は体の中心に位置し、生命活動の主役となっていることから、傾向が似ています。

例にあげた水がめ座やしし座以外にも、それぞれの星座と対応する体の部位は、次のように星座の欲求とリンクしています。

【12星座に対応する体の部位】

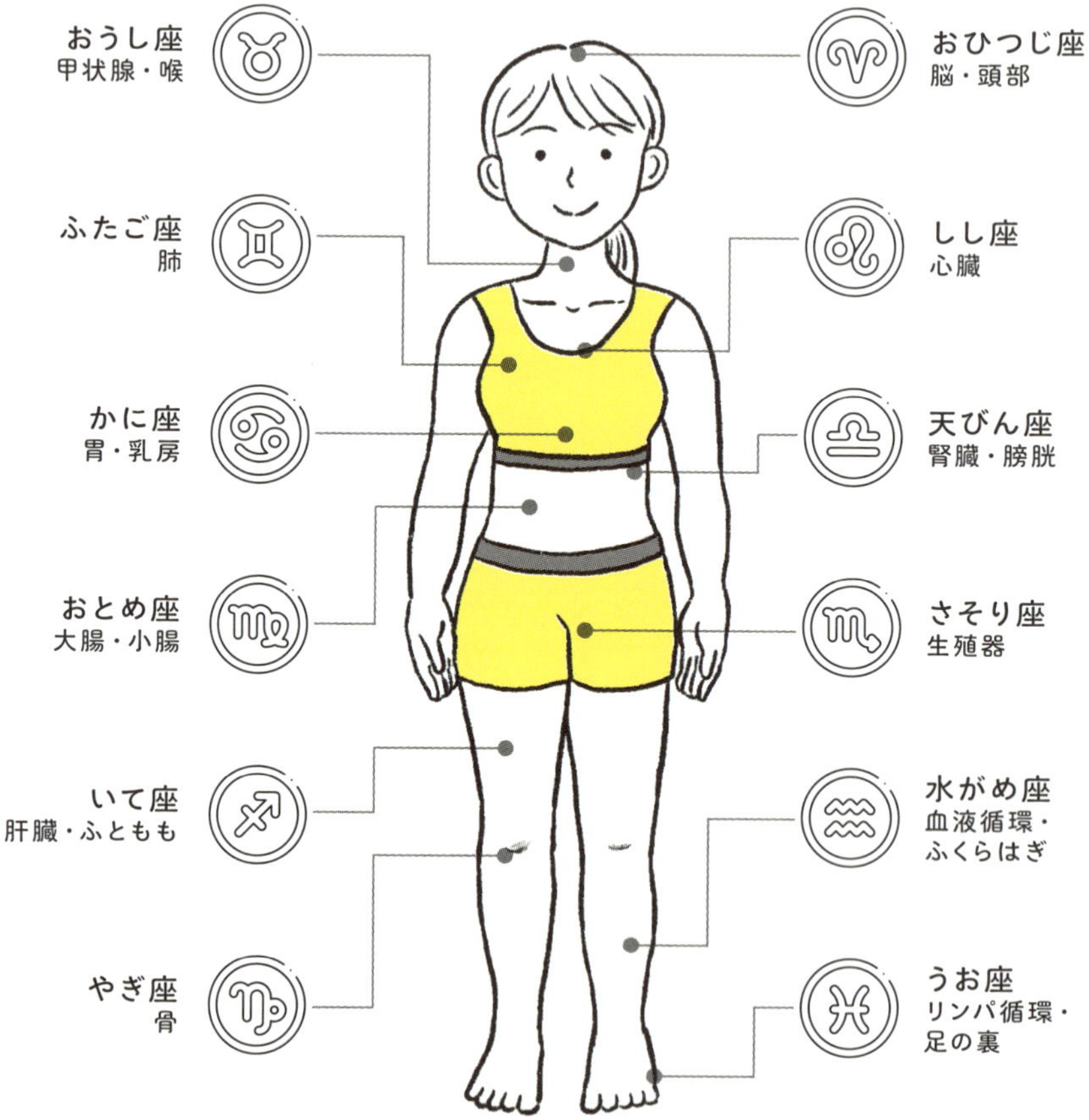

**【各星座と対応する体の部位】**

**①おひつじ座／脳・頭部**……おひつじ座は、トライアンドエラーで動きだしたい欲求の傾向を持ちます。トライアンドエラーは、脳がいろいろな方法を試して最適なやり方を学ぶプロセスです。

**②おうし座／甲状腺・喉**……おうし座は、自分の資質をいかして安定を手に入れたい欲求の傾向を持ちます。甲状腺ホルモンは、脈拍数や体温、自律神経などを調整して体の安定を保ちます。

**③ふたご座／肺**……ふたご座は、言葉を通して伝えあい学びあいたい欲求の傾向を持ちます。肺は唯一、外気と直接つながっている臓器で、言葉を話すときにも肺が使われます。

**④かに座／胃・乳房**……かに座は、豊かな心でつながり支えたい欲求の傾向を持ちます。心の健康が胃の調子に影響を与え、乳房は赤ちゃんに母乳を与えて生命を支えています。

**⑤しし座／心臓**……しし座は、創造的に表現して褒められたい欲求の傾向を持ちま

す。心臓は鼓動を通して、自分の存在を表現し、褒められることで心拍数は安定します。

⑥**おとめ座／大腸・小腸**……おとめ座は、自分を分析してまわりの要求に応えたい欲求の傾向を持ちます。大腸や小腸は、食べ物から体に必要な栄養分や水分を吸収し、体の要求に応えています。

⑦**天びん座／腎臓・膀胱**……天びん座は、まわりとバランスをとり調和をつくりたい欲求の傾向を持ちます。腎臓は血液から不要な物をとり除き、体のバランスを整えます。

⑧**さそり座／生殖器**……さそり座は、ひとつのことにしっかり関わって変容したい欲求の傾向を持ちます。生殖器は新しい生命を生みだすという主要な役割に特化しています。

⑨**いて座／肝臓・ふともも**……いて座は、探求して視野を広げたい欲求の傾向を持ちます。ふとももは運動能力を高め、視野を広げるための活動的な体の動きを支えています。

**⑩やぎ座／骨**……やぎ座は、仕組みを形にして認められたい欲求の傾向を持ちます。骨は硬くてしっかりとした仕組みとして体を支えています。

**⑪水がめ座／血液循環・ふくらはぎ**……水がめ座は、個性やアイデアをいかして変化を起こしたい欲求の傾向を持ちます。血液循環のめぐりがよくなると、さまざまなポジティブな変化が起こります。

**⑫うお座／リンパ循環・足の裏**……うお座は、夢を描き、憧れの世界にひたりたい欲求の傾向を持ちます。リンパ液は自分の意志を持たずに身をまかせて循環しています。

このように、12星座それぞれの性質や欲求の傾向と、対応する体の各部位は、同じような共通点を持っています。

## 全体のバランスを保つことで健康になる

月の位置と健康の関係については基本的な原則があります。

300万部のベストセラーとなった『月の癒し』（ヨハンナ・ハウンガー／飛鳥新社）という本には、ヨーロッパのオーストリア・チロル地方で、代々受け継ぎ伝えられてきた、月のリズムに関する知識や、月のリズムにそった健康法が書かれています。

『月の癒し』の中には、月の位置にある星座が変わるごとに、体への影響は変化していくとあります。

たとえば、おひつじ座に月があるとき、頭部への影響が強くでるので、頭部のケアや手当ては通常の倍の効果が期待できます。しかし反対に、頭部に負担をかけると、通常の倍も有害になるなど、実体験にもとづいた事実が記されています。

私自身、理美室サロンの経営をしていた頃に、お客様の頭部を観察してみると、月がおひつじ座にあるときは、頭皮の炎症が悪化していたり、頭痛を訴える人が多かったりする事実を確認しました。

そして、ヘッドスパや頭皮のマッサージなどを意識的に行うようにしたところ、いつもより癒やされたという声を多くもらいました。

月が水の星座にある日には、髪に潤いがある状態になったり、風の星座のときには乾きやすかったりなど、4つの元素が体だけではなく髪にも当てはまることも確認しています。

**さまざまな実体験を重ねていく中で、最も効果があらわれたのは月が欠けていくときのデトックスケアです。**スムーズに老廃物を排泄することができ、見た目にもすっきりとして効果が顕著でした。体の排出が進むと、心もゆるんでいきました。

新月が起こるときの星座や季節ごとの体の変化を考慮しながら、月の満ち欠けリズムを使って体の各部位をケアしていきましょう。

それによって、体全体のバランスをとりながら、効果的に健康につなげていくことができます。

ぜひ、1年かけて体全体をケアしながら、自分自身の体を大切にし、いたわり愛しながらゆるんでいきましょう。

水がめ座新月

旧暦

# 1月

## 個性やアイデアをいかして変化を起こす1か月

旧暦1月1日は、
「新月」が
水がめ座で起こります。
そのため、
水がめ座のエネルギーが
地球に降り注ぎ、
心身に与える影響が
強くなる1か月です。

旧暦1月

# 初春

月が
**水がめ座**
に位置する
季節

今月の傾向

## お互いの個性をいかしながら、力を合わせる

旧暦1月の季節は「初春」となり、太陽のパワーが増していき、小さな春の訪れを感じることができます。

旧暦におけるお正月なので、心機一転して「自分自身を変えたい」「何かを変化させたい」という気持ちが芽生える季節でもありますよね。

そんな新たな気持ちになる時期と連動するように、旧暦1月に強く影響を与える水がめ座は、「個性やアイデアをいかして変化を起こしたい」という欲求を持っています。

今月は、独自の個性を追求してオリジナリティーを発揮しながら、変化を起こす欲求を満たすために、**自分が変わることに許可をだすことから始めましょう。**

また、旧暦1月は古くから「睦月《むつき》」と呼ばれ、「睦」という漢字は「仲良く和む」という意味を持つといわれます。

この漢字は、春は訪れたものの、まだ寒さの残る中で人々が力をあわせて助けあい、ともに支えあって過ごす様子を表現したものです。

昔の人々が「睦月」という言葉にあらわしたように、自分の個性だけを追求するのではなく、まわりの人の個性も認めてお互いの存在をいかしながら助けあい、変化を起こすことが必要な時期となります。

今月は、オリジナリティーを発揮するためにあなたの個性を追求したり、周囲の人たちのユニークなところを認めたりしていきましょう。

## 今月の過ごし方

# 人と違う自分をゆるしてあげる

水がめ座は、知的な「風」に分類され、「不動」の性質を持つ星座です（53ページ参照）。水がめ座新月から始まる**今月は、「おもしろいことや人」に反応して、自分の発想を大切にしながら、人と交流していく**ことがおすすめです。春の匂いがしてくるこの時期は、心や体も新しいものを求めようとします。そんな季節のサポートを受けて、新しい自分に出会っていきましょう。

まわりにあわせるようにと常識を押しつけられてきた人、自由を奪われてきた人は、気づかぬうちに個性を抑えこみ、自分を見失っているかもしれません。そんなときは、「なんで？」と疑問を感じたときの自分の心の声に耳を澄ませてみてください。

そして、誰ひとりとして同じ人間はいないのだから、みんなと同じことを選択する必要はないのだと、自分が変わることを少しずつでもゆるしていきましょう。

また、人から理解されなかったことによる「悲しみ」や「虚しさ」から生じる「あきらめ」や「無力感」があれば、それに気づくだけで、人と違う「本当におもしろい」唯一無二の自分をゆるせるようになっていくはずです。

## 今月の 心の調律

# 「なんで？」という心の声に耳を傾ける

春を感じ始めるこの1か月は、私らしさを追求してオンリーワンを目指す気持ちが高まる時期です。あなた独自のユニークな発想を広げるために、今までどんなときに「なんで？」と思う反抗心が芽生えたかを思いだしてみましょう。それは、**あなたの変わりたいと願う心の声であり、あなたらしさのヒントになるはずです。**

心の調律ポイント **前髪を1センチ短くしてみる！**

変化のスイッチが入る季節です。いつもよりも前髪を1センチ短くしてみるなど、小さな変化を起こしてみましょう。自分の殻を破るための少しの行動が、私らしさへの大きな一歩になります。

## 今月の 体の調律

# 血液の流れをスムーズに

今月は、**水がめ座のエネルギーが影響をもたらす「ひざ～足首・血液循環」に意識を向けていきます。**とくに、「血液循環」の改善に注目して体を整えてください。冬の間は、血液の循環が滞って、手足の冷えを感じていたのではないでしょうか。体がほどける春の訪れとともに、少しずつ体を動かして血液をスムーズにめぐらせていきましょう。

体の調律ポイント **早足で歩いて動きだす準備を！**

春になり、物事や自分が動きだす準備のために「まずは自分の足で歩きだす」ことが大切になります。今月は、少しきついかなと感じるぐらいのペースで歩くことを心がけましょう。

# チェックリスト

心と体がゆるみ、幸せがめぐるためのチェックリストです。今月の「個性やアイデアをいかして変化を起こしたい」という欲求が、今のあなたはどのくらい満たされているでしょうか。当てはまるものの数を確認してみましょう。

- [ ] 一人ひとりが特別な存在だと思っている。
- [ ] 自分も他人も好きで、仲間や同志と呼べる人がいる。
- [ ] 落ち着いて冷静に全体を見ることができる。
- [ ] 人を区別せず、わけへだてなく接することができる。
- [ ] 他者の意見や要望をとり入れることが得意だ。
- [ ] 周囲と協力して、みんなが喜ぶ状況をつくることが好き。
- [ ] 手足はいつもポカポカ温かい。
- [ ] 血圧は正常で血管年齢も若いほうだ。

| | |
|---|---|
| 0～2個 | 今月の過ごし方にしっかり取り組んで、<br>欲求を満たし、心と体をゆるませていきましょう。 |
| 3～5個 | 今月の過ごし方に取り組むことで、さらに<br>欲求が満たされ、心と体がゆるんでいきそうです。 |
| 6～8個 | 今月の欲求が満たされていそう。<br>すでに心と体がゆるんでいますね。 |

水がめ座

旧暦 1月 1週目

新月 〜 上弦の月

# 今年の目標となる理想像を見つける

旧暦では1年の始まりです。気持ちを新たにして、変化を起こすのが自然の流れになります。「個性やアイデアをいかして変化を起こしたい」という欲求を満たすためにも、自分自身を変え、新たなスタートを切りましょう。

このタイミングで、未来につながる今年の理想像を見つけます。理想とする自分はどんな姿でしょうか。理想とする1年後はどんな状態でしょうか。あなたが手と手をとりあい、ともに同じ未来を見たいのは誰ですか。そして、なぜ、その人が頭に浮かんだのか考えてみてください。自分と似た空気感や匂いを放っているからかもしれません。自分の一歩先を歩いていて、憧れを抱いているのかもしれません。**その人のどこに惹かれたのか考えてみてください。**自分の理想が見えてきます。

また、新月から上弦の月に向かう時期なので、体の吸収する力が少しずつ高まっていきます。栄養価の高いものをしっかりと摂取してください。

今週は、水がめ座のエネルギーが影響する「ひざ〜足首・血液循環」のケアの中でもとくに足首をほぐして、血液がめぐる体を目指していきましょう。動ける体を少しずつつくっていきます。

これだけはやってみて

**常識を疑う練習をしてみよう**

今月の欲求を満たすために独創的なアイデアを得るには、常識を疑いながら、斜めからの視点で物事を見ることが必要です。

今週は「いつもは〇〇だけど」をログセにして、今までなら絶対に選ばないほうを選択してみてください。

日常の中の小さなことで、常識を疑う練習をしてみましょう。

今週の　心の調律

## 子どもの頃に興味があったことを思いだす

あなたは子どもの頃、何に興味を持っていましたか。時間を巻き戻して、少し思いだしてみましょう。

興味があることを否定された経験のある人、個性を否定されてまわりから理解されなかった経験がある人は、挫折を感じて「どうせできない」とあきらめているかもしれません。

しかし、その**否定された記憶にこそ、誰の真似でもない、あなただけのオリジナリティの源泉が隠れています**。今週は、封印してしまった子どもの頃の興味を掘り起こしてみてください。

子どもの頃、純粋に興味があったことを思いだし、今の自分とつながったとき、想像もつかないようなアイデアが次々とあふれだしてくるでしょう。

今週の　体の調律

## 日光浴を利用して自然治癒力アップ

今週は、足首からひざのケアをすると高い効果が期待できます。ただ、冬の間の運動不足を解消するために急に動きだすと、負担がかかりすぎて痛みやケガにつながりかねません。まずは**足首を伸ばすことで、少しずつウォーミングアップしましょう**。ストレッチだけでも血液循環が促進されますよ。

また、旧暦元旦である水がめ座新月の当日には、日の出をながめ、全身で太陽のエネルギーを感じてください。

旧暦は月の満ち欠けをもとにした自然暦なので、体の自然治癒力の目覚めにつながります。自分が月になって太陽光を吸収するイメージを持ちながら、しっかり日光浴しましょう！

旧暦1月—2週目

上弦の月〜満月

# 外見を変えて、人の目を気にしないレッスンを

満月に向かって月が満ちていくように、欲求を満たすことを月がサポートしてくれる週です。この時期は、「個性やアイデアをいかして変化を起こしたい」欲求を満たすために、靴を新調したり服装を変えたりすることがおすすめです。

外側から変化させることで、気持ちが切り替わり、個性化への第一歩となります。できれば子どもの頃に興味があったことを頼りにイメージチェンジしてみましょう。たとえば、自然のなかで遊ぶことが好きだった人は、天然素材の服を選択してみてください。

外見を変えることで、次第に心もその変化に追いついていきます。

思い切って、今までの自分なら絶対に選ばないものを選択するのもいいですね。人の目を気にしないレッスンになります。**まわりの目が気になるのは、知らない間に自分で自分のことを「それはダメ」と押さえつけているからです。**変化する自分をゆるしてあげましょう。

こうするべきだと、長いあいだ狭い世界に閉じ込められてきた人は、些細なことでも「私はこうしたい」と声をあげることから始めてください。自分の意志を主張して、少しずつでも「無力感」をおぎなっていくことが大切です。

これだけはやってみて

### 春の七草で玄米粥

1月7日に七草粥を食べる風習が今も残っていますよね。自生する春の七草がそろうのは、旧暦の1月7日頃になります。

この時期には、玄米の七草粥を食べて邪気を払い、1年の無病息災を願っていました。七草の中のひとつでも手に入ったら、健康を願いながら七草粥を食べてみましょう。

今週の **心の調律**

## 興味のないことは「やらない」選択をする

今週は自分の興味のあることに力を注いでいきましょう。興味があるかないかの選択の基準は「おもしろいと思えるかどうか」です。**やってみたときに気分がよくなって、自然と笑顔になるのは、体がOKをだしているサイン**。また、取り組んでいる最中にオリジナルの発想がたくさんでてくるなら脳が活性化している証拠なので、どんどん進めていきましょう。

興味のあることが見つからない人は、おもしろいと思えないことは「やらない」という選択をしてください。まわりからどう思われようと、断る勇気を持つことも大切です。人と違う発想や行動によって個性が光るからこそ、他の人と手をつないで変化を起こせるのです。

今週の **体の調律**

## 旬のしじみで血液をつくり血管も強化

上弦の月から満月に向かうこの時期は、体が栄養を吸収する力が日増しに高まります。積極的に旬の食材をとり入れていきましょう。旬の食材は、栄養価が高いだけではなく、その時期に必要になる栄養素がバランスよく含まれます。**旬の食材を食べることは、理にかなっている効率的な健康法**といえるのです。

初春の旬の食材の中でも、血液をつくるもとになる栄養素が含まれ、血管を強化し柔軟にする効果がある「しじみ」がおすすめです。しじみの栄養素を損なわずにしっかりとるには、お味噌汁にして体を温めながらいただきましょう。貝類全般はタンパク質がとれ、脂肪酸のバランスもいい万能食材です。

旧暦 1月 — 3週目

満月〜下弦の月

# 自分の理想の人がいるコミュニティに参加する

満月は、成果が得られるタイミングです。今週は「個性やアイデアをいかして変化を起こしたい」という欲求を満たし、少しでも変わることができた自分を褒めてあげます。

張り詰めていた緊張が徐々にほぐれて、人間関係の調整がスムーズに進むので、わけへだてなく人と関われる時期になります。

1週目で考えた、あなたが手をとりあって同じ未来を見ていきたいと思った人が、しばらく会っていない人なら、ぜひ連絡してみましょう。会うことで、あなたの理想の未来が見え、何かが動きだすかもしれません。

思い浮かぶ人がいない場合は、理想とする自分に近い人がいる集まりや、憧れの未来につながりそうなコミュニティに参加してください。個性あふれる人たちと力をあわせることができ、ひとりの力の限界を越えていけるはずです。

また、旧暦の1月15日は、「小正月」です。昔の人たちは、小正月に小豆とご飯を炊き込んでお粥にしていただき、悪い気を払っていました。この慣習にならって、先週紹介した**七草粥を小豆粥に変えて、邪気払いとして食べることもおすすめです。**

これだけはやってみて

### 黄色い花を部屋に飾る

気温がまだ低い中でも、福寿草やミモザなどのかわいらしい黄色いお花が、いち早く咲き始める季節になります。

黄色は太陽の色でもあり、元気や希望を与えてくれますよ。

ぜひあなたの部屋に黄色い花を飾って、明るくオープンな気持ちをサポートしてもらいましょう！

今週の　心の調律

## 心をオープンにして自分らしく振る舞う

満月は、愛や感謝で満たされた状態です。満月から少しずつ月が欠けていく今週は、その愛をまわりにも届けたいという気持ちになります。自分の愛のパワーを自然にわけ与えることができ、人間関係を円滑に築き、循環させることができます。

具体的には、あなたの個性を大切にしながら、自分らしくオープンに振る舞ってください。開放的なあなたを見たまわりの人たちが自然に変わり始めたり、私もそうなりたいと個性を磨いたり、あなたを理想にしたり、勝手に愛を受けとってくれます。

また、**SNSで共鳴した記事にコメントを書き込むのもいいですね。**「まさか！」という出会いや変化があるかもしれません。

今週の　体の調律

## ウォーキングで効率的に脂肪燃焼しよう！

太陽の光が降り注ぐ時間が少しずつ長くなっていきます。太陽の光は、気分を前向きにしてくれるだけでなく、幸福感やリラックス感を与えるホルモンの「セロトニン」を体内で増やします。

**今週は、自然の流れに身をゆだねて太陽の恵みを受けとってください。**草花を眺め、鳥の声を聞きながら、自然と一体になりウォーキングしましょう。ネガティブな気持ちや考えが静まっていきます。

また、満月を過ぎて月が欠けていくように、体においても「減らすこと」に向いている時期なので、歩くことでよぶんな脂肪をスムーズに燃焼できます。血液の循環が高まり、ふくらはぎに筋肉もつき、めぐりのいい体になりますよ。

水がめ座

旧暦1月—4週目

下弦の月〜新月

# 自分の理想の姿に不要なものを整理する

下弦の月を過ぎて新月に向かうこの時期は、新しいサイクルに向かう準備をしていきましょう。

ここまでの3週間を振り返り、もう自分にあわなくなったものや、違和感を覚えるものを確認していきます。もしかしたら他人から理解してもらえない「無力感」から妥協して選んだものや、「孤独」になることを恐れて握りしめていたものがあるかもしれません。過去の自分をゆるし、「今までありがとう」と伝えて手放していきましょう。

わかってもらえないと嘆くよりも、**あなたを理解しようとする人を大切にしてください。**お互いの違いを認め、尊重しあえる人と手をとりあったときにこそ、「もう大丈夫だ」と無力感や孤独を乗り越えられます。

今週は、自分の理想像もまとめておきましょう。理想からかけ離れているものがあれば、次の月に引きずらないように静かに心の整理をして手放します。来月は、今月確認した自分の理想をベースにして、夢やビジョンを描いていきます。

体については、血液循環をうながしてくれた脚をいたわってあげましょう。とくに「ふくらはぎ」を優しくマッサージして、体に感謝を伝えてください。

これだけはやってみて

## 寝室のおそうじ

下弦の月から新月に向かう静寂な期間は、自分自身と向きあうことに適しています。

おそうじは、自分の心と落ち着いて向きあえる大切な時間です。

来月は、睡眠を大切にして過ごすことになります。今週はその準備として、寝室のおそうじに力を入れておくといいでしょう。

今週の 心の調律

## 気になる人とリラックスしながら冷静に話しあう

下弦の月から新月のときは、心がほどけてゆるみ、穏やかになるので、落ち着いてじっくりと話をすることに適した時期です。

日頃何かと忙しい人も、今週は心にゆとりが生まれて、リラックスしながら人の話に耳を傾けることができます。ぜひ、気になる人と理解しあうための時間をつくってください。

とくに**大事な人との重要な話し合いは、感情を抑えられて冷静になれる今週がおすすめ**です。

この3週間で見つけた理想をともにしたい仲間や、自分を理解してくれる人との関係性を深めたいなら、包み隠さず心を開いて、しっかりとディスカッションしていきましょう。

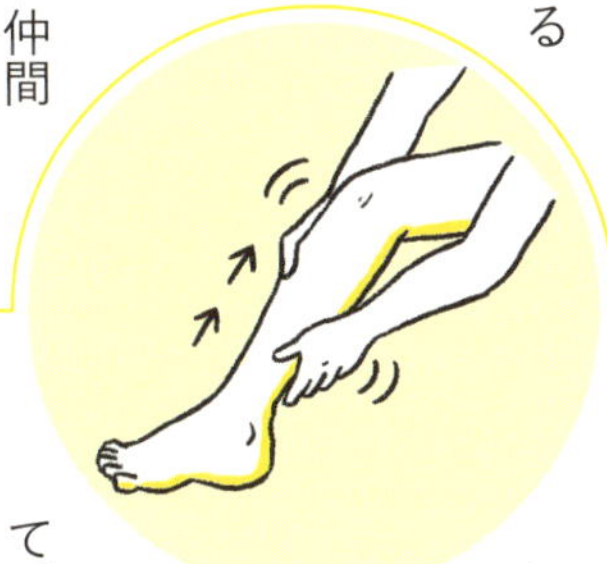

今週の 体の調律

## ふくらはぎのマッサージで血流をうながす

この3週間、歩くことで使ってきた脚をいたわってあげる週にしましょう。

血液が足首から心臓に戻っていくイメージで、下から上へ向かってふくらはぎを優しくマッサージしていきます。

毎日体を支えてくれる脚に、「ありがとう」という気持ちを伝えながら行ってみてください。

また、**ひざ裏が固いと血流が滞りやすくなります**。テニスボールなどをひざ裏に押し当てて、グリグリ動かしながらほぐしましょう。

血流をよくするには、筋肉をつけることも必要です。爪先立ちをするだけでも、ちょっとした筋トレになるので、ぜひトライしてみてください。

個性やアイデアをいかして変化を起こす1か月

# 旧暦1月の過ごし方のまとめ

旧暦1月の1か月は、いかがでしたか？

水がめ座の「個性やアイデアをいかして変化を起こしたい」という欲求が満たされると、「特別な存在として、人助けができる」ようになります。

水がめ座は、人のために知性をいかして変革を起こし、社会を循環させたいと願っています。そして、水がめ座が影響を与える体の部位である「血液」も体内を循環しながら、各部位に変化をもたらす重要な役割を担っています。

1か月間、心と体の調律を進めてきましたが、皆さんの中で、めぐり始めたものはありましたか？

個性やアイデアをいかして変化を起こすことができたあなたは、幸せをめぐらせるための12分の1を満たすことができたはずです。

**●今月の心の調律ポイント**

前髪を1センチ短くしてみる！

**●毎週の心の調律**

1週目　子どもの頃に興味があったことを思いだす
2週目　興味のないことは「やらない」選択をする
3週目　心をオープンにして自分らしく振る舞う
4週目　気になる人とリラックスしながら冷静に話しあう

**●今月の体の調律ポイント**

早足で歩いて動きだす準備を！

**●毎週の体の調律**

1週目　日光浴を利用して自然治癒力アップ
2週目　旬のしじみで血液をつくり血管も強化
3週目　ウォーキングで効率的に脂肪燃焼しよう！
4週目　ふくらはぎのマッサージで血流をうながす

うお座新月

旧暦

# 2月

## 夢を描き、憧れの世界にひたる1か月

旧暦2月1日は、「新月」がうお座で起こります。

そのため、うお座のエネルギーが地球に降り注ぎ、心身に与える影響が強くなる1か月です

旧暦2月

# 仲春

月が
**うお座**
に位置する
季節

今月の傾向

## 夢見心地な空想的イメージを大切にする

旧暦2月は「仲春」で、暦の上では春本番を迎えます。また、2月は古くから「如月《きさらぎ》」と呼ばれますが、「如」という漢字は、両手をしなやかに重ねながらひざをついた女性が、神に祈る姿を象形したものです。

このように、古代において女性は、神さまからのメッセージを受けとるとても重要な役割があったとされています。

「如」という漢字に象徴されるように、旧暦2月に強く影響を与えるうお座は、女性的で目に見えないものを信じ、想像的なイメージや空想的イメージを大切にする傾向を持っている星座になります。

今月は、うお座の「夢を描き憧れの世界にひたりたい」という欲求を満たすための行動を起こして、心と体を調律していきましょう。

この時期は、よぶんな力を抜いて過ごしながら、心や体をゆるめていくことにとても向いています。

春の陽だまりの中で、夢見心地に空想にふけって、憧れに思いをはせてみましょう。

「夢」とは、一般的に自分の希望や将来のビジョンのことをいいますが、**自分の夢がよくわからない人は、寝ている間に見る夢にアクセスすることもおすすめです。**

じつは睡眠中の夢には、自分でも気づいていない願望のヒントが隠れていることがあります。

この1か月間は、良質な睡眠をとるように心がけましょう。

今月の過ごし方

# 鳥の鳴き声を聞いて想像力を磨く

うお座は、感情の「水」に分類され「柔軟」の性質を持つ星座です（53ページ参照）。そのときどきで姿を変えながら、他者と気持ちをわかちあおうとします。

そんなうお座新月からスタートする今月は、イマジネーションや想像力を磨いていきます。

旧暦2月はウグイスの鳴き声が聞こえてくる頃です。ぜひ鳥の声に耳を傾けてみましょう。鳥の鳴き声は高い周波数帯の音なので、イマジネーションの活性化につながります。ほかにも、日々移りゆく景色を眺めながら変化を感じるだけでも、想像力を鍛えることができます。

自分の想像を否定されたり、人に受け入れてもらえなかった経験のある人は、「受容される自分にならなければ」と緊張しているかもしれません。そんな緊張感をゆるめるには、空想にひたる自分をゆるすことが必要です。

また、**今まで抱え込んできた「寂しさ」があれば、その寂しい気持ちに寄り添ってあげることで水に流していける時期です。**さらに、誰かの心に寄り添うことで、自分を癒やすこともおすすめです。

今月の **心の調律**

## 頭で考えすぎずに、感情と感覚を優先させる

雪解け水が川に流れ、大地を潤していくすがすがしい季節です。今月は、泣くことで涙と一緒に感情を流していきましょう。**今までたくさんがまんをしてきた人は、自分の感情を優先してあげる**ことで抱えてきた心の荷物を軽くしていきます。

また、豊かな感受性がいかされる時期なので、頭で考えずに感じるままの感覚に従うのがベストです。

心の調律ポイント **子どもの自分に寄り添う**

子どもの自分が心の中にいて、その子と一緒にいるイメージを持ちましょう。一緒にいるとは、意識をしっかりとその子に向けてあげることです。子どもの自分が何を感じているか、その気持ちに寄り添います。

今月の **体の調律**

## 足裏からリンパを流して解毒する

今月は、**うお座が影響を与える「リンパ循環・足の裏」のケアがおすすめ**で、テーマは「解毒」です。春は、花粉症などのアレルギー反応が起こりやすい季節です。そのため、デトックスを意識しましょう。

足裏には全身の反射区があるので、いた気持ちいい部分を押したり、全体をもんだりして、リンパの循環をうながしていきます。

体の調律ポイント **睡眠の質を上げる**

日中の活動から夜の休息へとスイッチを切り替えるために、夕方以降はカフェインを避けましょう。

また、39度くらいのぬるめのお風呂にゆっくりつかって、体をしっかり温めると寝つきがよくなります。

# チェックリスト

心と体がゆるみ、幸せがめぐるためのチェックリストです。今月の「夢を描き、あこがれの世界にひたる」という欲求が、今のあなたはどのくらい満たされているでしょうか。当てはまるものの数を確認してみましょう。

- □ 頭で考えるより、感覚を大切にする。
- □ 何事にも緊張することなく、リラックスしていられる。
- □ 思いやりがあり、人の繊細な心を感じとることができる。
- □ 無理がなく常にゆとりがある。
- □ スピリチュアルなことが好き。
- □ 利益を考えずに奉仕することができる。
- □ アレルギーや花粉症の症状はない。
- □ 足のむくみで悩むことは、ほぼない。

| | |
|---|---|
| 0～2個 | 今月の過ごし方にしっかり取り組んで、<br>欲求を満たし、心と体をゆるませていきましょう。 |
| 3～5個 | 今月の過ごし方に取り組むことで、さらに<br>欲求が満たされ、心と体がゆるんでいきそうです。 |
| 6～8個 | 今月の欲求が満たされていそう。<br>すでに心と体がゆるんでいますね。 |

うお座

旧暦 2月 — 1週目

新月 上弦の月

# 良質な睡眠をとり、夢を見よう！

今週は、自分の夢や憧れに気づくために、よく眠って夢からたくさんメッセージをもらいましょう。

夢には、自分でも気づいていない記憶や感情などの心理的な情報が含まれていると考えられています。

精神科医で心理学者のフロイトやユングは、夢に注目して分析や解析を行っていました。この2人に共通しているのは、本人でも気づいていない意識の奥底にある領域を探るために、夢を重要な手がかりにしていたことです。

私たちは、日々の生活のなかで無自覚にさまざまなことから影響を受けています。**隠れた欲求がないか、気づいていない未来への憧れはないかなど、夢を通して自分の内面に気づきましょう。**

夢を見るには熟睡することが大切です。寝る1時間前にはスマートフォンやパソコンの画面をオフにしてください。スクリーンから発せられるブルーライトは、睡眠サイクルを調整するメラトニンの分泌を妨げてしまいます。

また、この時期の体は、吸収力が少しずつ高まります。「リンパ循環・足の裏」のケアに向いている今月は、デトックス力を強化するため、旬の食べ物の中でも解毒を促進する食材をとり入れます。

これだけはやってみて

**目覚めたら すぐ夢日記を書く**

睡眠中の夢を通じて、自分の無意識の部分や、大切にしたいものに気づくかもしれません。

夢はすぐに忘れてしまいますよね。そこで、この1週間は夢日記を習慣化しましょう。

枕元にノートを置いて、目覚めたら体を起こさずに、まどろんだ状態で夢のメモをとります。

今週の 心の調律

# 子どもの頃の夢を思いだす

子どもの頃の将来の夢を思いだしてください。たとえば、夢が保育士だった人は「遊びたいから」「お世話をしたいから」などのように、その夢を思い描いた理由を考えます。そして、睡眠中に見た夢のメモを書いた日記を参考に、子どもの頃なりたかった夢との類似点はないかを探りましょう。自分の未来につながる欲求が潜んでいるかもしれません。

占星学では、子どもの頃の欲求がベースになって、人生が構成されると考えられています。**子どもの頃になりたかったものや、やりたかったことには、大切なメッセージが隠れているのです。**子どもの頃を思いだせない人は、アルバムの中にいる子どもの自分に会いに行きましょう。

今週の 体の調律

# 足裏の反射区を青竹踏みで刺激

うお座が影響を及ぼす部位である「リンパの循環・足の裏」に焦点をあて、今週は全身のリンパ循環をうながすために、こまめに水分を補給しながら足裏を刺激していきます。

昔からある健康法の青竹踏みは、自然素材の竹を活用しながら、手軽に足裏を刺激できる便利グッズです。**踏むだけで血行が促進され、体の老廃物が排出されやすくなり、むくみ対策にも効果があります。**

また、東洋医学において、足裏には全身の臓器や組織と関連する反射区が存在するとされます。青竹踏みでこれらの反射区を刺激することで、全身の調整とリラックス効果が期待できます。青竹がなければ、手で足裏をマッサージしていきましょう。

旧暦 2月 — 2週目

上弦の月 〜 満月

# ネガティブな感情は受けとめて流す

満月に近くなればなるほど、私たちは過去の記憶を思いだしやすくなります。今週は、子どもの頃の記憶をさらに振り返ってみましょう。

ネガティブな記憶が消化されずに残っていれば、そのときの感情が呼び起こされる時期でもあります。その感情は、子どもの頃に抑え込んでいたものかもしれません。ネガティブな感情は、目を背けずに受けとめると自然に流れていきます。

そして、その感情が消えていったら、裏側に隠れている望みに気づいていきましょう。

たとえばマイナスの感情が「寂しい」だった場合、その裏側にある自分が求めている感情を探していきます。それが「嬉しい」だったら、自分が嬉しくなることを行動に移していきます。隠れた感情に起因する望みを叶えましょう。やがてそれが積み重なり、未来に叶えたい大きな夢が見えてきます。

また、日に日に月のパワーがみなぎっていく今週は、しっかり栄養を補給しながら体をつくることに向いています。**吸収力が高まる時期なので、添加物やお砂糖たっぷりのお菓子などの食べ過ぎには要注意。**有害物質や体脂肪が蓄積されやすいので、できるだけ避けてください。

### これだけはやってみて
**ネガティブな感情をなぐり描き**

ネガティブな感情がでてきたら、自由にお絵描きをしてみましょう。

形にならなくても大丈夫です。見た目を気にしないで、自由に表現してみてください。

自分の筆圧が強い場合は、感情を抑圧しているサインです。あなたの気がすむまでなぐり描きしていきましょう。

今週の 心の調律

## 夢日記を深く考察してみる

先週からノートに書きためてきた夢日記を眺めてみましょう。その中に抑圧している欲求や自分でも気づいていない願望、心の葛藤などが隠れていませんか。もしくは、同じようなシーンやシンボル、イメージやパターンができていないでしょうか。

たとえば空を飛ぶ夢を見て、解放感がありつつも恐怖を感じている場合は、自由になりたいと願いながら、恐怖心との葛藤が隠れているかもしれません。恐れを乗り越えて自由を手に入れたとき、本当に望む方向へ人生がめぐり始めます。

このように、**夢には自分でも気づかない未来のヒントが隠れている**のです。

今週の 体の調律

## 春の魚「鰆《さわら》」でリンパのケア

魚に春と書く「鰆」は、その名前の通り、春に旬を迎えます。鰆は、皮膚や粘膜を保護するビタミンB2、味覚を正常に保つ亜鉛、カルシウムやマグネシウム、リン、ビタミンDまで含まれており、栄養価が高いことで知られる魚です。

**まだ肌寒いこの時期の鰆は、脂がのっていてオメガ3脂肪酸が豊富**なため、炎症の軽減と心血管系のサポートに役立ちます。さらに、免疫機能が強化され、全身のリンパ系の健康にもつながります。

新鮮な鰆を刺身にして、わさびやしょうゆで食べてもいいですし、薄切りにした鰆を蒸してもいいでしょう。身がふっくらと仕上がり、脂を逃さずにおいしく食べられます。

旧暦2月―3週目

満月

下弦の月

# 自分の夢を言葉にしてアウトプットする

満月は、パンパンに膨らんだ風船によく似ています。風船は膨らみすぎると割れるように、**満月で感情が爆発する人も多くいます。**しかし、それは一時的なものですので、安心してください。満月を過ぎたら、次第に緊張から解放され、心も体も自然にゆるんでいきます。

旧暦2月の1・2週を過ごしてきて、ぼんやりとでも自分の未来や夢が見えてきたのではないでしょうか。

そして今週は、誰かと夢をわかちあいたいという気持ちが高まっていきます。共感が得られやすいこの時期に、ぜひその夢をシェアしてみましょう。夢を誰かと共有することで、夢の実現へ向けたサポートを受けることができるかもしれません。

自分の中にある考えや想いを言葉にして誰かに伝えることで、考えも整理されますし、自分の想いも強まっていきます。周囲にアウトプットしていくうちに、あなたの夢は次第に現実味をおびていくようになりますよ。

また、満月以降は、月の引力が弱まっていくので、体はゆるみはじめる時期になります。ここからは排出しようとする月の力が働き、体内の解毒が日増しにスムーズに進んでいくでしょう。

## これだけはやってみて

### 誰かの夢に共感して応援する

誰かの夢やビジョンを「そうなんだね」と共感しながら聞きましょう。

そして、その夢のために何かしてあげられそうなことがあれば、ぜひ行動に移してください。自分から先に与えることで、夢を叶えあう輪が循環します。いつかその相手が、あなたの夢をサポートしてくれるでしょう。

今週の **心の調律**

## 涙を流して気持ちをクリアにする

この週は、感情を発散することに向いています。今まで蓋をしてきた感情を、泣くことで解放させましょう。よくここまでがまんしてきましたね。

感情を抑え込むことは、心身の不調を引き起こす要因になります。泣くことで発散すると、ストレスホルモンであるコルチゾールの分泌を下げ、ストレス反応が緩和され、リラックス効果があります。泣きながら感情を整理すれば、気持ちがクリアになり心のバランスを取り戻せます。

また、泣くこと以外にも、**絵や詩や小説をかくことでも感情を発散できます。**心の滞りや詰まりがなくなると、あなたの夢もスムーズに叶っていきますよ。

今週の **体の調律**

## 山菜で不要物を排出＆必要な栄養を補給

春は、自然からの贈り物である山の幸「山菜」が旬の食材として楽しめる季節です。**山菜はアクやエグ味があるため下処理が必要ですが、ビタミンやミネラル、食物繊維などの栄養素が豊富に含まれます。**

冬眠から目覚めた熊は、まず山菜を摂取します。冬眠中に停止していた消化器系を活性化させ、冬の間に不足しがちだった栄養素を補給しながら、体内の不要物質を排出するためには山菜が一番適した食材だからです。

この時期は、自然の流れにそって、人間も冬眠から覚めた熊のように過ごしましょう。よぶんなものをデトックスしながら、冬の間に不足していた栄養素を補給していきます。

旧暦 2月—4週目

下弦の月〜〜新月

# 自分の夢に執着しすぎずに、あせりとストレスを手放す

下弦の月から始まるこの週は、とても冷静になれる時期です。これまでの過程で見えた夢やビジョンを整理したら、あとはゆるんで手放していきましょう。

せっかく見つけたのに手放していいのかと不安になっているかもしれませんが、考えが凝り固まったり、未来像を細かく描いたりすると、新しいやり方が受け入れられなくなります。また、**自分の夢に執着してしまうと、状況をコントロールしようとする力を過剰に働かせてしまい、目標に対するあせりやストレスが強くなっていきます。**

今週のあなたは、とても大切な宝物が見つかっているはずです。その宝物は、あなたを必ず未来に連れていってくれます。方向性がなんとなくでも定まったなら、リラックスして、ゆったりとくつろぎましょう。

目的地を変えなければ、必要なものは最善のタイミングで目の前にあらわれます。来月に向けてしっかりと脱力し、過去のすべてをゆるして、古い自分を脱ぎ捨ててください。

また、新月に向かうこの時期、体は放出に最も適しているので解毒がスムーズに進みます。このタイミングをぜひいかして、心身の浄化に取り組みましょう。

これだけはやってみて

## 記憶を物と一緒に手放す

今まで捨てられなかった物の中で、ネガティブな記憶と結びついている物があれば、思い切って捨てる覚悟を持ちましょう。

もう、それは自分にとって必要のない物になっています。

不要な物を捨てたことでできたスペースには、自分にふさわしい新しい物が入ってきます。

今週の 心の調律

## 祈ることで第5チャクラを活性化

チャクラとは、サンスクリット語で「車輪」や「円盤」という意味で、体の中に存在するとされるエネルギーが集まるところです。人間の体には複数のチャクラがあり、それぞれが異なる場所に位置しながら機能しています。

喉の位置にある**第5チャクラが活性化されると、未来の夢やビジョンを信じ、それを実現できる強い意志を持てるとされます。**

そして、祈ることは、その第5チャクラの浄化につながるのです。

心の平安が得られやすいこの時期は、1日1分でも心静かに祈ることを習慣にしてみましょう。目を閉じ胸の前で手を合わせ、平和な世界をイメージしながら多くの人の幸せを願ってください。

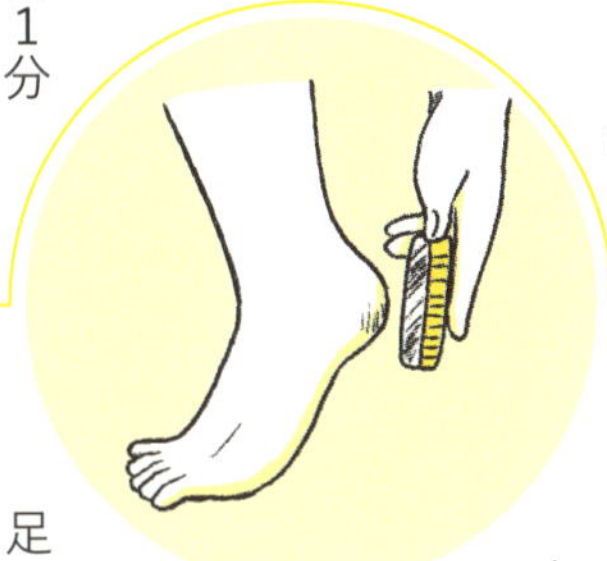

今週の 体の調律

## 足裏の角質をていねいにケア

月が欠けていくように「減らしていく」ことに向く時期なので、古い角質がおもしろいほどによくはがれ落ちます。そこで今週は、負担をかけている足裏をいたわるために、足裏の角質をていねいにケアしましょう。専用のケア用品がない人は、お湯でふやかして手で落とすだけでも大丈夫です。

また、**この時期の全身のリンパマッサージは、いつも以上に効果的です。**少し贅沢にプロの手にまかせてみてもいいかもしれません。

まだ少し肌寒いかもしれませんが、大地に素足で立つアーシングもおすすめです。体内に滞留した電気や電磁波を、大地が足裏から吸いとってくれるので、体をリセットすることができます。

夢を描き、憧れの世界にひたる1か月

# 旧暦2月の過ごし方のまとめ

旧暦2月の1か月は、いかがでしたか?

うお座の「夢を描き、憧れの世界にひたりたい」という欲求が満たされると、「夢を追いながら、献身できる」ようになっていきます。

うお座は、実態のない目には見えないもので社会に奉仕したいと願っています。そして、うお座が影響を与える体の部位の「足裏」は、全身を献身的に支えています。また「リンパ循環」は、見えないところで体に奉仕をしています。

1か月間、心と体の調律を進めてきましたが、皆さんの中で、めぐり始めたものはありましたか?

夢を描き、憧れの世界にひたることができるようになったあなたは、幸せをめぐらせるための12分の1を満たすことができたはずです。

**今月の心の調律ポイント**

子どもの自分に寄り添う

**毎週の心の調律**

1週目　子どもの頃の夢を思いだす
2週目　夢日記を深く考察してみる
3週目　涙を流して気持ちをクリアにする
4週目　祈ることで第5チャクラを活性化

**今月の体の調律ポイント**

睡眠の質を上げる

**毎週の体の調律**

1週目　足裏の反射区を青竹踏みで刺激
2週目　春の魚「鰆」でリンパのケア
3週目　山菜で不要物を排出&必要な栄養を補給
4週目　足裏の角質をていねいにケア

おひつじ座新月

旧暦

# 3月

## トライアンドエラーで動きだす1か月

旧暦3月1日は、「新月」がおひつじ座で起こります。そのため、おひつじ座のエネルギーが地球に降り注ぎ、私たちの心身に与える影響が強くなる1か月です

旧暦3月

# 晩春

月が
おひつじ座
に位置する
季節

今月の傾向

## 失敗を恐れずに、未来へ向けて進む

旧暦3月は「晩春」で、春の締めくくりの1か月となります。3月は古くから「弥生《やよい》」と呼ばれ、「弥」という漢字は、「いよいよ、ますます」という意味を持ちます。その言葉の通り、いよいよここから動きだしていく時期です。

また3月には、ひな祭りがあるので、「雛月《ひいなつき》」とも呼ばれています。3月3日のひな祭りは、古くは新月から3日後の「三日月」の頃に行われていました。

古事記や日本書紀のもとになっている「ホツマツタエ」によると、婚礼が初めて執り行われたことが、ひな祭りの由来になっているとのことです。

そして、その婚礼のときにお互いの約束を誓いながら酌み交わしたお酒に、三日月が逆さに映ったことから、「逆月《さかづき》」＝「盃」という言葉が生まれました。

ぜひ、今月は「三日月」の頃までに、自分の夢に向けて失敗を恐れずに動きだすという誓いを自分自身と交わしてみましょう。

おひつじ座の欲求である「トライアンドエラーで動きだす」を満たすために、先月までに見つけた自分の夢や未来のビジョンに向けて、進んでいく1か月にしていきます。

さらに**今月は、ありのままの自分自身を知ることも大切な時期です。**「私とは何なのか」「生まれてきた意味は何か」を考えながら、少しずつアイデンティティを見つけてください。

## 今月の過ごし方

# 「これだ」と思うことは何でもやってみる！

今月の心身に強い影響を及ぼすおひつじ座は、熱く上昇する「火」の性質で「活動」的な行動パターンを持ちます（53ページ参照）。衝動的な炎を燃やしながら、瞬発的に動き続けようとする星座です。**12星座の最初であるおひつじ座は、スタートダッシュが抜群。恐れずに道なき道を突き進むことに長けています。**

さらにおひつじ座は、生まれたての赤ちゃんのように純真無垢な星座です。赤ちゃんが純粋な気持ちですくすく育つように、「まずはやってみる」ことを大切にトライアンドエラーで前に進みましょう。おひつじ座新月から始まる1か月間は、「これだ」と直感したことを、とにかく何でもやってみることがおすすめです。

ただ、強い衝動にかられて行動し、失敗することも多くあります。そんなときは、失敗から生じる「腹立たしさ」や「憤り」に気づき、「怒り」を昇華させながら進んでいきます。1番になりたいと願ったけれど叶わずに、自分を責めた経験はありませんか。もしかしたら気づかないうちに自分を攻撃して、自分を傷つけているかもしれません。今月は、自分を一番に思いやることを意識しながらトライしていきましょう。

今月の **心の調律**

## 衝動と直感を見わける

行動する前に、考えすぎていないか、損得を計算しすぎていないか、自信のなさや不足感を埋めるためではないか、不安や心配からの選択ではないか、興奮している状態ではないかを確認してください。

このような場合は、**直感ではなく衝動で動こうとしている可能性が高いので、少し時間を置いてから判断するようにしましょう。**

心の調律ポイント **ひとりの時間をつくる**

リラックスすることで、脳の扁桃体や報酬系の回路を正常に保てるといわれます。また、直感も働きやすくなります。今月は、誰にも気がねしないひとりの時間をつくって、リラックスしましょう。

今月の **体の調律**

## 頭部のケアと松《しょう》果《か》体《たい》の活性化

春は環境と気圧の変化が大きく、頭痛の発症が多くなる季節なので、**おひつじ座のエネルギーが影響をもたらす「頭部〜脳」に意識を向けていきましょう。**

ヘッドマッサージをしたり、体内時計の調整機能を持つ松果体の活性化を行ったりするのがおすすめです。

また、春のイライラ対策として自律神経のケアも重要になってきます。

体の調律ポイント **朝日を浴びる**

松果体とは、ホルモン分泌や睡眠リズムの調整を行い、いまだ解明されない機能を持つといわれる脳内器官です。朝日を浴びると松果体が活性化し、自律神経のバランスも調整できるのでぜひ行ってみてください。

# チェックリスト

心と体をゆるませ、幸せがめぐるためのチェックリストです。今月の「トライアンドエラーで動きだす」という欲求が、今のあなたはどのくらい満たされているでしょうか。当てはまるものの数を確認してみましょう。

□ 単独行動やひとりで行う仕事が好き。

□ 自分をよく知っていて、自信がある。

□ 前向きで勇気があり、リーダーシップ力を磨いている。

□ 自立心が強く、依存心や共依存を克服できている。

□ 自分を信じ、直感に従うことができる。

□ 自分自身がどうしたいのかを優先して行動している。

□ 考えごとや悩みごとは少ないほうだ。

□ 頭痛が起きることは、ほとんどない。

| | |
|---|---|
| 0～2個 | 今月の過ごし方にしっかり取り組んで、<br>欲求を満たし、心と体をゆるませていきましょう。 |
| 3～5個 | 今月の過ごし方に取り組むことで、さらに<br>欲求が満たされ、心と体がゆるんでいきそうです。 |
| 6～8個 | 今月の欲求が満たされていそう。<br>すでに心と体がゆるんでいますね。 |

おひつじ座

旧暦 3月 1週目

新月 〜 上弦の月

# やりたいことを「やりたい」と言える勇気を持つ

新月から上弦の月に向かう今週は、物事を始めるエネルギーが満ちていて、月の力に背中を押されて前に進みやすいタイミングです。学校の卒業や入学、進級、就職や異動なども必然的にこの時期と重なっていますよね。

やりたいけど先延ばしにしていることや、これをやるまでは死ねないと思っているものはありませんか。**今週は、直感が冴え渡っているので、頭を空っぽにして、やりたいことをとにかく始めてみましょう**。もしかしたら、あなたの生まれてきた意味につながる答えが見つかるかもしれません。

たとえば、歌いたいと思っていたら、毎日10分でも発声練習をするなど、短い時間でも習慣になるまで続けてください。やりたいことをやりたい、欲しいものは欲しいと言える勇気を持ち、実行し続けていくことで、まわりの人たちのあなたをみる目も変わっていきます。

また、今週はおひつじ座が支配する「頭部」に月の影響を受けるため、頭痛が起こりやすかったり、頭に血がのぼりやすくなったりします。頭を優しくほぐしてあげましょう。頭部マッサージは、血流を促進するだけではなく、直感を研ぎ澄ますサポートにもなります。

これだけはやってみて

## 「私とは○○」と書く

「私とは（妻）である」「私とは（猫）である」「私とは（がんばりやさん）である」などのように（　）の部分に、思い当たるものをたくさん書いていきましょう。

考えすぎず直感的にどんどんだしていくうちに、思いもよらない「なりたい自分」のヒントがでてくるかもしれません。

今週の **心の調律**

# 洗い物に集中して瞑想する

瞑想とは、思考と感情をなるべく停止させて、今ここに集中することが目的です。忙しくて瞑想の時間がとれない人は、日常生活の中で瞑想のような効果を得る方法を紹介します。**目の前の出来事に100％集中することで、日常を瞑想化できます。**

たとえば、お茶碗を洗うときに食器洗いだけに集中します。自分を実況中継するように、ていねいに自分自身の動きをみていきます。手が茶碗に触れている感覚に集中したり、スポンジはどちらの手に持ったら洗いやすいのかを研究したり、洗剤はどの場所にどのくらいつけたらいいのかを意識したり。洗う作業に専念することで、ほかの思考が停止し、瞑想のような効果を得られます。

今週の **体の調律**

# セルフヘッドスパで頭をゆるませる

**若返り効果も期待できる、シャンプーしながらのセルフヘッドスパで頭部をほぐします。**

まず、頭を洗うときは、肌をたるませないために、まっすぐな姿勢のまま洗います。シャンプー剤は手のひら全体に伸ばし、髪が抜けにくいつむじ近辺からつけていき、そのあと全体になじませてよく泡立てます。

シャンプー剤をなじませただけで十分に洗浄できるので、ゴシゴシとこすり洗いをしなくても大丈夫。両手の指の腹を使って、頭の下のほうから円を描きながら、つむじに向かって大きくゆっくりとほぐします。その際、気持ちいいくらいの圧を指を使ってかけながら、頭皮全体をマッサージしましょう。

おひつじ座

旧暦 3月 — 2週目

上弦の月　満月

# 行動した自分を褒めてあげよう

月が次第に膨らんでいくこの時期は、新月から始めたことを継続し完成させていくときです。

おひつじ座の影響する今月は、はじめの一歩は得意ですが、どうしても継続が苦手になってきます。**今週は根気強く続けて、習慣化することを目標にしてみましょう。**

「衝動」で始めたことは長く続かないので、継続できなかったとしても、本当に求めていたことではなかったと、次のチャレンジを進めるのがベストです。「自分を知ることができてよかった」と考えて、自分をゆるしていきましょう。

人は誰でも安心をベースに生きており、変化を求めずに現状を維持しようとラクなほうを選択してしまうものです。たとえ挑戦したことを続けられなかったとしても、現状を変えようと行動した自分を褒めてあげてください。

また、この週の体は、吸収力が日に日に増していきますので、旬の食材をあますことなくいただきましょう。旬の食材は、栄養価が高くておいしいだけではなく、比較的安価で手に入ります。

自然が用意してくれた最高のギフトなので、できるだけ多く受け取るようにしてください。

**これだけはやってみて**

**自分ファーストを意識する**

この1週間は、とにかく自分自身だけに集中して、自分のことを一番大切に扱うようにしていきましょう。

あなたの代わりになる人はどこにもいませんし、あなたはほかの誰でもない、唯一無二の存在なのです。

ぜひ自分自身を最優先に考えて、自分を大好きになってください。

今週の **心の調律**

## ナンバーワンになれることを思いだす

上弦の月から満月になる時期は、何かを成し遂げたいと思う力がみなぎります。物事を達成する意欲が高まる今週は、自分がナンバーワンになれるものを思いだしてみましょう。

**努力していないのになぜか褒められた経験や、あたりまえだと思っているのに、周りから「すごい」と言われた経験はないでしょうか。**自然とできて褒められたことの中に、あなたが輝くヒントがあるはずです。それを思いだしてみましょう。

自己肯定感の低い人は、できないことに目が向き、ポジティブな思い出を封印しているかもしれません。褒められた経験を振り返ることは、自信を取り戻し、自己受容につながるエッセンスにもなります。

今週の **体の調律**

## ブロッコリースプラウトと山菜で脳機能サポート

栄養素の吸収力が増していく**今週は、サプリメントや栄養補助食品は速やかに吸収され、いつも以上に効果が発揮されます。**

この時期の生きたサプリメントでもある旬の食材の山菜、たらの芽、うど、わらび、ふきなどには、記憶力や認知機能を改善する抗酸化物質が豊富に含まれます。積極的にとり入れてみましょう。

また、栄養価の高いブロッコリースプラウトは、脳の血管を保護するスルフォラファンが多く含まれるのでおすすめの食材です。種を買えば家でも簡単に栽培できます。定期的に食べ続けると、体内の抗酸化作用が高まり、さまざまな健康効果が期待できます。

おひつじ座

旧暦 3月―3週目

満月 〜 下弦の月

# 最高の自分を想像して その自分になりきる

満月の時期は、結果がもたらされるタイミングです。ここまで今月の欲求である「トライアンドエラーで動きだす」を実践してきた人は、自分を認めることができるようになっているはずです。今週からは、少し力を抜いて過ごしていきましょう。

少しずつ自分を理解できて、「ありたい自分」が見えてきているのではないでしょうか。下弦の月に向かうこの時期は、最高の自分を想像し、その自分になりきることで、あなたの力を発揮できます。**未来のわたしは、どんな場所にいて、どんな気持ちで何をしているでしょうか。**イメージしてみましょう。その最高の自分が未来からこちらに近づいてくるところを想像してください。そして、今の私と未来の私がひとつになって、どんなときも一緒に行動していきます。やがて未来が、どんどん現在に近づいてきて現実が変化するのです。

この週は、有害なものを体の外にだそうとする力が日増しに強くなるので、排出をサポートする旬の「よもぎ」を活用してみてください。よもぎは食べて飲んで、お風呂に入れてと、さまざまな活用法があります。日本の最強ハーブを生活にいかしましょう。

**これだけはやってみて**

### 行ったことのない場所へ出かける

今週は、これまでに行ったことのない場所に出かけてみましょう。わざわざ遠出しなくても、近所にある場所でOKです。

知らない場所や環境に身を置くと、新しい刺激を受けとるために全細胞が集中し、視覚や聴覚などの感覚も敏感になります。新しい自分に出会えるかもしれません。

今週の 心の調律

## 抱え込んだ「怒り」の感情を分析する

ネガティブな感情を抱えている場合、満月のときにその感情はピークに達してあふれだします。とくにこの週は「怒り」の感情に要注意です。

おひつじ座が影響を与える怒りの感情は、思うようにいかないことや、行動できないことで生じやすくなります。

トラブルになったり後悔したりしないように、自分の怒りはどこからきているのか、ひと呼吸おいて観察してみてください。具体的には、怒っていることを否定せずに、その感情をただ静かにじっと眺めます。次第に怒りの炎が鎮火し、気持ちも落ち着くはずです。**感情を発散させ消化していくイメージで、ろうそくの炎を眺めるのもおすすめ**です。

今週の 体の調律

## よもぎ茶とよもぎ風呂でリラックス

よもぎには、抗炎症、デトックス、抗酸化など多くの効果があります。今週は、手軽に手に入るよもぎを活用してみましょう。とくによもぎ茶がおすすめです。

よもぎの葉を30秒～1分程度さっと蒸したあとに、風通しのいい場所で4日くらい乾燥させて茶葉にします。お湯を注げば、おいしいよもぎ茶を飲むことができます。

乾燥させたよもぎの葉は、お茶にするだけではなく、お茶パックなどに詰めて入浴剤としても活用してみましょう。**よもぎに含まれるタンニンは、体を芯から温めて冷えを改善し、肩こりからくる頭痛緩和効果が期待できます。**さらに、よもぎの香り成分には、たかぶった神経をゆるめてくれる作用があります。

旧暦 3月—4週目

下弦の月 〜 新月

# 直感に従って判断する練習をしよう

今週は、新しいサイクルに向かうための1か月の締めくくりの時間にしていきましょう。おひつじ座が持つ熱く燃える「火」のエネルギーを少しずつ鎮めていきます。

心静かに冷静でいられるように、外側に意識を向けるのではなく、内側に意識を向けてみてください。

それと同時に、眉間にある「第6のチャクラ」を活性化していきましょう。物事の意味や理屈ばかり考えて、頭の中がいつも忙しく働いていないでしょうか。常に知識や経験だけに基づいて、判断をしていないでしょうか。そのような状態では、第6チャクラは活性化しません。

第6チャクラが活性化されると、常識にとらわれることなく、直感に従って物事を判断できるようになります。たとえば、花を見たときに、どんな匂いがして、どんな色で、どんな形なのかを観察してみましょう。また「この人はこういう人だ」と決めつけないで、相手をあるがまま見るようにします。これらを続けると、第6チャクラが活性化します。

**普段なら絶対に気にとめない、何気ないことに意識を集中してみる**ことで直感力が増し、「衝動」に駆られることもなくなり、迷いも消えていきます。

**これだけはやってみて**

**真っ暗な環境で眠る**

蛍光灯などの光は、脳の生体リズムを妨げる要因になります。

真っ暗な部屋で眠ることで、脳の一部である松果体からメラトニンと呼ばれる睡眠ホルモンがより効率的に分泌されて、睡眠の質が向上します。

眠るときは、寝室を真っ暗にする習慣をつけていきましょう。

今週の 心の調律

## 静かに ひとりの時間を楽しみつくす

今週は、もう**必要のないネガティブな思考や感情を整理して、ゆるんでいくことがあと押しされる時期**です。「私なんて」「自信がない」「私にはできない」などと繰り返していた思考や、自分への憤りから湧きあがっていた「怒り」の感情はここでしっかり手放していきましょう。

手放すためには、自分を大切にしながら、静かにひとりの時間を楽しむことが必要になってきます。あせらず急がずに、ひとりでも満ちている状態を味わいつくしてみてください。

ひとりでいることを楽しみつつ行動することができるあなたは、しっかりと自分の足で立つことができるはずです。

今週の 体の調律

## 重心を後ろにして 身を守る

とても行動的になり、勢いよく過ごしてきた1か月でした。そのため、体が前のめりの状態になっているかもしれません。そのままだとケガをすることが多くなってしまいます。

また、前のめりの姿勢だと、一度に多くのことを行おうとして、あせったり急いだりして、結果的に自分を追い込むことにつながりかねません。

ケガから身を守りながら、自分を追い込まないためにも、前のめりの姿勢になっていないかを確認していきましょう。

きれいな姿勢を維持するためには、**後頭部の上のほうから一本の紐がでていて、上からその紐をひっぱられている意識を持ちながら歩いてみましょう。**

トライアンドエラーで動きだす1か月

# 旧暦3月の過ごし方のまとめ

旧暦3月の1か月は、いかがでしたか?

おひつじ座の「トライアンドエラーで動きだしたい」という欲求が満たされると、「重要な存在として独立できる」ようになっていきます。

おひつじ座は、先頭に立って力を発揮したいと願っています。そして、おひつじ座が影響を与える体の部位である「頭部」も、先頭に立つ司令塔として、思考や意思決定を司り、体全体の指導役を果たしています。

1か月間心と体の調律を進めてきましたが、皆さんの中で、めぐり始めたものはありましたか?

トライアンドエラーで動きだすことができるようになったあなたは、幸せをめぐらせるための12分の1を満たすことができたはずです。

**今月の心の調律ポイント**

ひとりの時間をつくる

**毎週の心の調律**

1週目　洗い物に集中して瞑想する
2週目　ナンバーワンになれることを思いだす
3週目　抱え込んだ「怒り」の感情を分析する
4週目　静かにひとりの時間を楽しみつくす

**今月の体の調律ポイント**

朝日を浴びる

**毎週の体の調律**

1週目　セルフヘッドスパで頭をゆるませる
2週目　ブロッコリースプラウトと山菜で脳機能サポート
3週目　よもぎ茶とよもぎ風呂でリラックス
4週目　重心を後ろにして身を守る

おうし座新月

旧暦

# 4月

## 自分の資質をいかして安定を手に入れる1か月

旧暦4月1日は、
「新月」がおうし座で
起こります。
そのため、おうし座の
エネルギーが
地球に降り注ぎ、
私たちの心身に与える
影響が強くなる1か月です

旧暦4月
# 初夏

月が
おうし座
に位置する
季節

今月の傾向

## 豊かな自然に触れて自分を満たす

旧暦4月の季節は「初夏」にあたり、春から夏への移り変わりとなります。少しずつ暑い日が多くなってくるでしょう。そして、おうし座新月から始まる今月は、おうし座の「自分の資質をいかして安定を手に入れたい」という欲求が強くなる時期でもあります。

お金や物をたくさん得ることで「安定」と「安心」を得ようとしてきた時代が長く続きました。**でも現代では、お金や物質だけを手に入れても、満たされないことに多くの人が気づきはじめています。**

本当の豊かさとは、地球や自然が美しく健やかであることではないでしょうか。大地が美しく健やかであれば、私たちの心身も必然的に健康になります。しかし、現代を生きる私たちの心と体は、自然から切り離されてしまい、安定や安心をなかなか得られにくい状態にあります。そこで今月は、環境に意識を向けたり、豊かな自然に触れたりすることがおすすめです。

また、4月は「卯月《うづき》」と呼ばれます。これは、旧暦4月の時期に、「うさぎ（卯）」がたくさん子どもを産むことから名付けられました。

今月は、うさぎのように自分の中からたくさんの価値を生みだし、安定を手にいれていきましょう。

自分の能力を見つけて磨いたり、美しい物を見る目や感性を養ったり、体の感覚を研ぎ澄ませたりして、自分の価値を高めて対価に変えていきます。

## 今月の過ごし方

# 本来持っている自分の価値を見つけだす

今月の心身に強く影響を与えるおうし座は、大地の「地」に分類され「不動」の性質を持つ星座です（53ページ参照）。

そんなおうし座新月からスタートする今月は、生まれ持った資質をいかして、安定や安心を手に入れるために、自分にもともと備わっている価値を見つけだしていきます。

**あなたが本来もっている才能は、両親や祖父母から受け継がれたものです。**先祖のことを思いだし、先天的な能力や才能に目覚めて、自分の価値を磨いていきましょう。

また、美しい景色を眺めていると、美的感覚が高まり感性が磨かれます。そんな素晴らしい環境に身を置き、ゆったりとくつろぎながら、生まれたときから備わっている自分の資質について思いをはせることがおすすめです。

一方で、自分の能力を失う不安からくる「恐れ」があれば、それに気づいていきましょう。能力が欠けている感覚から、自分に足りないものを物で埋めていませんか。無理せずに自分のペースで進むことをゆるして、不安から無理をしてしまう自分を終わらせます。

※両親や祖父母と疎遠だった人。もしくは、いない場合は、親代わり、祖父母代わりの人やお世話になった身近な人のことをあてはめて考えましょう。

今月の **心の調律**

## 自然環境を守る意識を持って行動する

初夏の風が吹き抜ける新緑の季節は、たくさんの花が咲き、美しい景色が目の前に広がります。**自然の一部である私たちの心と体も、そんな季節と連動するように生命力があふれだしてきます。**

地球と私たちの体はつながっています。とくに今月は、自然環境を守る意識を持ちながら、行動していくことが大切です。

心の調律ポイント **自分の受け継いだ力を意識する**

家族や先祖からDNAとして受け継いだものを確認してください。ネガティブな感情を持っていると、その資質や能力を封じこめてしまいます。ポジティブな感情を持って元来の資質を見つけていきます。

今月の **体の調律**

## 喉まわりのケアで甲状腺ホルモンを整える

**おうし座のエネルギーが影響をもたらす「甲状腺・喉」のケアをすることに向いている1か月です。**

甲状腺ホルモンが不足すると、基礎代謝が低下して声がかすれたり音域がせまくなったりします。反対に、甲状腺ホルモンが過剰になると、基礎代謝が上昇して不安感が強まります。甲状腺のケアを意識して、ホルモン分泌を調整しましょう。

体の調律ポイント **洗剤や白髪染めを変える**

洗剤を変えてみたり、白髪を植物性で優しいヘナで染めたりするなど、地球を汚さない暮らしを実践してみましょう。新月のときのヘナ染めは体の浄化を促進させ、満月のときは染まりがよくなります。

# チェックリスト

心と体がゆるみ、幸せがめぐるためのチェックリストです。今月の「自分の資質をいかして安定を手に入れる」という欲求が、今のあなたはどのくらい満たされているでしょうか。当てはまるものの数を確認してみましょう。

- □ 強い意志で徹底的に物事をこなすほうだ。
- □ 自分の力で幸せをはぐくみ、安定した暮らしをしている。
- □ 物やお金をていねいに大切に使っている。
- □ 人に干渉することなく人生を楽しんでいる。
- □ 自分の価値や能力を知っていて、日々磨いている。
- □ 美しく心地よい空間や環境に身をおいている。
- □ 地球の恵みや自然に感謝をしている。
- □ 喉の調子は、比較的いつもいいほうだ。

| | |
|---|---|
| 0～2個 | 今月の過ごし方にしっかり取り組んで、欲求を満たし、心と体をゆるませていきましょう。 |
| 3～5個 | 今月の過ごし方に取り組むことで、さらに欲求が満たされ、心と体がゆるんでいきそうです。 |
| 6～8個 | 今月の欲求が満たされていそう。すでに心と体がゆるんでいますね。 |

おうし座

旧暦4月 1週目

新月〜上弦の月

# 五感を研ぎ澄まして、自分の資質を探す

自分の体に意識を向けることが大切な週です。あなたの体に備わっている「五感」を通して、自分に宿っている資質を探していきます。

大地に触れたときの「触覚」をしっかりと感じ、景色を「視覚」で楽しみ、「聴覚」で鳥のさえずりや葉っぱのざわめきなどを感知し、土や花、木々の自然の香りを「嗅覚」で感じましょう。

五感は、体を持っていないと感じることのできない感覚です。今ここに生きていることを、5つの感覚を磨きながら体全体で感じていきます。

この時期は、地球とのつながりを取り戻す「アーシング」がおすすめです。現代社会を生きる私たちは、時間や余裕のない日常生活を送る中で、大地と引き離され、自然から分断されています。そこで、裸足で大地の上に立ったり、土や草の上に寝転がったりして大地に触れてみましょう。

アーシングで心と体のバランスが整い、緊張がほどけていきます。とくに**土の上に素足で立つと、次第に心が安定してくるのを感じるはずです。**

また、上弦の月に向かう今週は、徐々に体が活性化してきます。首を温めて喉まわりをほぐしておきましょう。

これだけはやってみて

## 土や植物に触れて不安を解消

子どもの頃、家族とのつながりが感じられなかった人は、安心感が得られにくいことがあります。そんなときは、土や植物に触れるだけでも落ち着き、不安が解消されます。

また、潮干狩りができる時期なので、海に出かけて素足で大地と海に触れてみましょう。安心できるはずです。

今週の **心の調律**

## ラクにできることを探す

がんばらなくてもスムーズにできたこと、初めてチャレンジしたのにスマートできたことはありませんか。それは、あなたの先天的な資質かもしれません。あまりに簡単にできてしまうので、能力だとなかなか気づけなかっただけです。

私たちは、努力することやがんばることが当たり前になっているので、**ラクをすることや怠けることは、よくないことだと思い込んでいる傾向があります。**その思い込みが才能を覆い隠しているのです。

能力や才能には、先天的なものと後天的なものがあります。先天的な能力に気づくことで、自分自身の力を最大限に発揮できるはずです。ぜひ、ラクにできることを探してみましょう。

今週の **体の調律**

## 首を温めて、しっかりほぐす

おうし座のエネルギーが影響をもたらす「甲状腺・喉」のケアとして、今週は首まわりを温めて血流を促進していきます。

首の一部にある喉と、首の前のほうにある内分泌腺の甲状腺は、お互いに密接なつながりがあります。

まずは、首まわりをラップで包んだホットタオルを使って温めてください。首には、太くて重要な血管や神経が通っているため、温めることで血行が促進されるとともに緊張がほぐれていくはずです。さらに、**首が温まることで、心地よい感覚をもたらしてくれます。**

体全体がリラックスして、五感が研ぎ澄まされていくでしょう。

旧暦4月 2週目

上弦の月 満月

# 両親や祖父母の素敵なところを思いだす

上弦の月から始まる今週は、自分に与えられた資質をうまく使って、何かを生みだしていきたい気持ちが強くなる時期です。

がんばらなくてもラクにできる、先天的な能力や才能は見つかりましたか？

もし見つからなくても安心してください。今週は両親や祖父母の「素敵だな」と感じるところを思いだしてみましょう。どんなに小さなことでも大丈夫です。そこから、あなたの先天的な能力を見つけていきます。

ここで思いだした記憶は、自分の未来に一緒に連れていきたい必要不可欠なものです。**自分の人生にとってどうでもいいことは、思いだすことすらありません。**

たとえば、母親の温和で優しいところが素敵だなと思ったとしたら、あなたの中にも温和な優しさがあるということです。あなたの心が素直に「いいな」と感じる、先祖から受け継がれてきた遺伝的な能力を探してみましょう。

そして、その先天的な能力を日々の中でどんどん使いながら、磨いていくことが大切です。きっと、ご先祖さまも喜び祝福してくれるはずですよ。今週は、両親や祖父母の小さな素敵のかけらをたくさん見つけて集めていきましょう。

**これだけはやってみて**

### 好きなこと 楽しいことを選ぶ

好きだと感じること、楽しいと思えるもの、「いいな」と思えること、心地いいと感じるもの。それらはすべてわかりやすいGOサインです。

気持ちが上がるか下がるかは、未来を選ぶための自分だけのバロメーターになります。今週は、自分の感覚に従って、物事を選んでみてください。

今週の **心の調律**

## あなたは「○○な人」だった。「○○」に何を入れる？

家族や先祖から受け継いだ能力や才能は見つかったでしょうか。今度はその能力が、どうしたらまわりの人たちにいかせられるかを考えてみましょう。そのときに注意したいのは、ピアノを弾くのが上手だとか、絵を描く力があるということだけが能力ではなく、温和な優しさや冷静な判断力などもひとつの才能だということです。

**あなたが命を終えて体を離れたあと、人から何と言われたいでしょうか。**「あの人はピアノが上手な人だった」「あの人は温和で優しい人だった」などと想像してみることで、どんな能力を磨くといいかが見えてきます。磨かれた能力は、必ずあなたの生きた証になります。

今週の **体の調律**

## わかめのしゃぶしゃぶで甲状腺の機能を整える

この時期の体には、甲状腺の働きの調整に役立つ、必須ミネラル「ヨウ素」を多く含む海藻類をとり入れていきましょう。古代から日本人は海産物を豊富にとっていて、海藻類は私たちと切っても切り離せない食材です。

**わかめ、ひじき、昆布などが生でおいしくいただけるのは、旬のこの時期だけ。**とくに生のわかめは熱湯に入れた瞬間に美しい緑色に変わるので、しゃぶしゃぶでいただくと、視覚でも楽しむことができます。

また、声帯を整えるために、気持ちよく歌ったり、楽しくお話しをしたり、心地いい程度に喉を振動させておくこともおすすめです。

おうし座

旧暦4月—3週目

満月〜下弦の月

# 先天的な才能を周囲の人にシェアする

満月はエネルギーがピークに達するタイミングです。満月から下弦の月に向かい、感情の高まりは少しずつ落ち着いていきます。

今週は、1〜2週目で見つけだした先天的な能力をまわりの人にシェアしてください。

もともと持っている能力や才能は、使えば使うほど磨かれて、自分の喜びにもなっていきます。無理してがんばらずに力をいかせるので、枯渇したり疲弊したりすることなく、楽しく力を発揮することができるはずです。

ぜひ、その才能を誰かにおすそわけしていきましょう。もしかしたら、お礼にご飯をご馳走になったり、対価としてお金や贈り物をもらったりするかもしれません。

そんなときは、**素直に「ありがとう」と受け取ることで、さらにあなたの能力が認められるようになっていきます。**遠慮せずに、人の感謝を受けとることをゆるしていきましょう。

また今週は、植物の生命力もピークに達しますので、自然の恵みであるハーブ類を楽しむのがおすすめです。大地を感じて地球に感謝をしながら、あなたの五感を満たしていきましょう。

**これだけはやってみて**

**満月の頃にハーブを摘みとる**

植物が最も活気をおびる満月の前後に、旬のハーブや薬草を摘みとって楽しんでみましょう。

ハーブはよく乾燥させて細かく刻んでから、すり鉢などでつぶし、塩をお好みの比率で加えて混ぜます。これで、ハーブソルトの完成です。冷蔵庫で密閉保存して、早めに使い切るようにしてください。

今週の　心の調律

## お互いが心地よくなれるペースを探す

おうし座は、自分を大切にしたい性質を持つ星座なので、まずは自分を喜ばせてあげることが何よりも大事です。

ただ今週は、満月から少しずつ欠けていくように、自分の身を削りながらも周囲に与えたい気持ちが湧き起こります。また、**満月で張り詰めた緊張から、徐々に解放されて心に余裕が生まれ、相手のことも考えられるようになります。**そのため、自分も相手も心地いい状態を探すことに向いている時期です。

大切な人と一緒にお互いが美しいと感じられる場所で、心地いい音楽を流し、好みの香りを焚き、おいしいものを食べながら、座り心地のいいソファーで肩の力を抜いて過ごしましょう。

今週の　体の調律

## ハーブウォーターと乾燥スギナを楽しむ

今週は、さまざまなハーブが楽しめます。満月の頃に採取したハーブを生のまま冷水に数時間ひたし、ゆっくりと香りや成分を引きだし、ハーブウォーターをつくってみましょう。

雑草として身近にある「スギナ」を活用するのもおすすめです。スギナは、地下にネットワークをつくって繁殖する生命力の強い植物で栄養価が高く、近年注目されています。乾燥させたスギナは、お茶にしたりお風呂に入れたりといろいろと活用できます。

**満月の頃に採取した植物は、栄養価が高いものの、保存の際にカビが生えやすい欠点があります。**カサカサと音がするまでしっかりと乾燥させてるのがポイントです。

旧暦 4月—4週目

下弦の月 新月

# 時間を注いだことから、後天的能力を見つける

下弦の月から始まる今週は、価値がないと思っていた自分をゆるし、その自分を手放していくタイミングです。

ここまでは、自分自身の価値や先天的な才能を見つけてきましたが、最後の総仕上げとして、今度は「後天的な能力」を整理していきましょう。

これまで自分自身が経験したことや学んだことなどをまとめていきます。決して特別なことではなくて大丈夫です。

継続してやってきたことや、多くの時間をかけてきたことはありませんか。たとえば、毎日ご飯をつくっている人は食事をつくる能力が高まっているはずです。

そして、育児を大切にして時間を注ぎ込んできた人は、人を育てる能力が養われています。

先天的な能力と後天的な能力を融合させた価値を確認していきましょう。あなたは無価値ではありません。**必ずあなたの能力を必要としている人がいます**。まだ出会っていないだけで、あなたを待っている人がいます。自分の価値を大切に歩んでください。

またこの時期は、収穫されたばかりの新茶が市場に出まわっています。飲むことはもちろんですが、喉のケアのために新茶でうがいすることもおすすめです。

これだけはやってみて

## 優雅で自然な香りを楽しむ

今週は、ラベンダーやバラ、ジャスミンなどの花が咲き、優雅で甘い香りが空気中に漂います。

また、雨で土や植物から立ち昇る湿った匂いを感じることもできる季節です。この時期にしか感じることのできない独特の香りを楽しみながら、自分の心と体を喜ばせていきましょう。

今週の **心の調律**

## 観葉植物の根っこのおそうじ

下弦の月から新月までは排出がスムーズな時期です。そこで、家の中で私たちを癒やしてくれる観葉植物の根っこをおそうじしてあげましょう。**部屋の環境がよくなり心が整ってきますよ。**

土が乾燥すると根っこの近くに隙間ができ、そこに老廃物や菌が集まります。乾燥するたびに水やりを続けていると、根に集まった老廃物や菌が、再度土の中に戻るという悪循環が続いてしまいます。そこで、鉢の底穴から水があふれでるまでたっぷりと水を流すことで、土の中に溜まった老廃物や菌だけではなく、二酸化炭素も押し流しましょう。根っこも呼吸しているので、空気が循環して新しい酸素と入れ変わり、根腐れ防止にもつながります。

今週の **体の調律**

## 新茶を使ったうがいで喉をケア

**茶摘みされたばかりで風味豊かな新茶が、市場に出まわってくる頃です。**今週は、私たちの生活になじみ深い日本茶を活用していきましょう。飲むだけではなくうがいに使うことで、喉を潤しながらケアできます。

日本茶には、カテキンやポリフェノールなどの抗炎症成分が含まれており、喉を健康に保つ効果があります。とくに新茶にはこれらの成分が豊富に含まれ、喉の炎症を軽くして不快感や痛みを緩和してくれます。

また日本茶には抗菌作用があり、喉にいる細菌やウイルスの繁殖をおさえる作用もあるため、緑茶うがいは風邪や感染症の予防にも役立ちます。

自分の資質をいかして安定を手に入れる1か月

# 旧暦4月の過ごし方のまとめ

旧暦4月の1か月は、いかがでしたか？

おうし座の「自分の資質をいかして安定を手に入れたい」という欲求が満たされると、「心地よさと豊かさがもたらされる」ようになっていきます。

おうし座は、自分の能力をいかして何かを実際につくりたいと願っています。そして、おうし座が影響を与える「甲状腺」は、体内の心地よさを保つ調整役として、新陳代謝をコントロールし、快適さをつくりだしています。

1か月間、心と体の調律を進めてきましたが、皆さんの中で、めぐり始めたものはありましたか？

自分の資質をいかして安定を手に入れることができたあなたは、幸せをめぐらせるための12分の1を満たすことができたはずです。

### 今月の心の調律ポイント

自分の受け継いだ力を意識する

### 毎週の心の調律

1週目　ラクにできることを探す
2週目　あなたは「〇〇」な人だった。「〇〇」に何を入れる？
3週目　お互いが心地よくなれるペースを探す
4週目　観葉植物の根っこのおそうじ

### 今月の体の調律ポイント

洗剤や白髪染めを変える

### 毎週の体の調律

1週目　首を温めて、しっかりほぐす
2週目　わかめのしゃぶしゃぶで甲状腺の機能を整える
3週目　ハーブウォーターと乾燥スギナを楽しむ
4週目　新茶を使ったうがいで喉をケア

ふたご座新月

旧暦

# 5月

## 言葉を通して伝えあい学びあう1か月

旧暦5月1日は、「新月」がふたご座で起こります。
そのため、ふたご座のエネルギーが地球に降り注ぎ、私たちの心身に与える影響が強くなる1か月です。

旧暦5月

# 仲夏

月が
ふたご座
に位置する
季節

今月の傾向

## どんな自分も他人も否定せずに受け入れる

ふたご座新月から始まる今月は、ふたご座が持つ「言葉を通して伝えあい学びあう」という欲求が強くなる時期になります。

5月は「皐月《さつき》」と呼ばれ、「皐」には「呼ぶ、告げる」という意味があります。この「皐」という漢字が象徴するように、この時期は誰かと声をだしあって、意思疎通することを大切にしていきます。

そして、旧暦5月は夏の真ん中に位置する「仲夏」となりますが、今月は梅雨が重なるので蒸し暑い日が続いていくでしょう。梅雨は、別名「五月雨《さみだれ》」と呼ばれています。

その一方で、「五月晴れ《さつきばれ》」という言葉があるように、梅雨の合間にのぞく抜けるような美しい青空は、この時期だけの格別な光景です。

**雨の日も晴れの日も、そのときどきにあわせて自然の変化を感じながら、毎日を楽しむことができたら素敵ですよね。**

天気にも「雨の日と晴れの日」の2つの顔があるように、ふたご座も陽気で社交的な面と、内向的で静かな面の2つの顔をあわせ持つ星座になります。

どんな人であっても、そのときどきの状況にあわせて見せる表情が違っていますよね。それぞれの人の中に多様性を持ち合わせているのです。

あらゆる人とわけへだてなく関わるためにも、どんな表情を見せる自分も他人も否定せずに受け入れることが大切な月であるといえます。

## 今月の過ごし方

# おしゃべりをして、情報発信と情報収集！

ふたご座は、情報の「風」に分類され「柔軟」の性質を持ちます（53ページ参照）。相手に合わせて臨機応変に対応しながら、情報を伝達しあおうとする星座です。

そんなふたご座新月から始まる今月は、アンテナを張りめぐらせて情報を集めることや、好奇心旺盛に知りたいことを学んで知性を満たしていくこと、人と自由に交流をしていくことがおすすめです。

子どもの頃に、話を聞いてもらえなかった、言いたいことが言えなかった、質問したことに答えてもらえなかった、興味関心があることを否定されたなどの経験のある人は、悲しみや無力感を抱えているかもしれません。しかし、この時期は、私たちが本来持っている「知識をいかして人を楽しませたい」という気持ちに身をゆだねていきましょう。

あなたの伝えたい思いを解放して、いろいろな人と少しおしゃべりをしてみませんか。そのお話は、誰かが知りたいことかもしれません。**自由なやりとりによって、情報は必要な人のもとに届けられます。**話すことに自信が持てなければ、誰かのお話を聞いて「何でも知っていてすごいね」と素直に伝えてみましょう。

今月の **心の調律**

## 母音の力を最大限にいかす

今月は**伝えたい気持ちをがまんせずに、声にだしたり文章にしたりして言葉を交わしましょう。**

日本語には「あ、い、う、え、お」の5つの母音があり、「か（あ）、き（い）、く（う）、け（え）、こ（お）」のように、すべての言葉に母音が隠れています。母なる言葉「母音」のパワーを意識して話すことで、自分の中から力が湧きでてくるはずです。

心の調律ポイント **相手の言葉に耳を傾ける**

相手の話す言葉をしっかりと聞くと、ていねいに話してくれるようになります。さらに、自分の伝えたいこともちゃんと聞いてくれます。言霊の力を使って、お互いにしっかりと伝えあいましょう。

今月の **体の調律**

## 「呼吸」で肺と自律神経を整える

今月は、**ふたご座が支配する「肺・神経・肩・腕・手」のケアをします。**ふたご座が2つの顔を持つように肺は左右2つにわかれていて、体の中で唯一、空気を通して外の世界と交流している臓器です。

深い呼吸を意識するだけでも、肺の機能は高まります。さらに、呼吸に意識を向けることで、自律神経も整えることができます。

体の調律ポイント **深呼吸する時間をつくる**

今月は、すきま時間に深呼吸することを意識しましょう。肺に酸素がたくさん送り込まれることで、頭もすっきりして冴えわたります。晴れの日には、森林浴しながら深呼吸もいいですね。

# チェックリスト

心と体がゆるみ、幸せがめぐるためのチェックリストです。今月の欲求である「言葉を通して伝えあい学びあう」が、今のあなたはどのくらい満たされているでしょうか。当てはまるものの数を確認してみましょう。

- □ 頭の回転が速く、相手の話がきちんと理解できる。
- □ 誰とでもうまく付きあえて、人から好感を持たれやすい。
- □ 相手のニーズを理解したり、情報収集したりするのが得意。
- □ 言語能力やコミュニケーション能力があるほう。
- □ いろいろなことに興味があり、物知りだといわれる。
- □ おしゃべりすることや勉強が好きで楽しい。
- □ いつもリラックスを心がけている。
- □ 日常の中で、深呼吸をよくしている。

| | |
|---|---|
| 0～2個 | 今月の過ごし方にしっかり取り組んで、<br>欲求を満たし、心と体をゆるませていきましょう。 |
| 3～5個 | 今月の過ごし方に取り組むことで、さらに<br>欲求が満たされ、心と体がゆるんでいきそうです。 |
| 6～8個 | 今月の欲求が満たされていそう。<br>すでに心と体がゆるんでいますね。 |

ふたご座

旧暦 5月 — 1週目

新月 〜 上弦の月

# キャッチした情報をみんなで共有する

古くは、旧暦5月5日に「端午の節句」が行われていました。この時期は、暑さから物が腐りやすくなり、病気が増える時期とされます。そのため、厄払いの行事として「菖蒲」などを使い、邪気を払っていました。

今週は、新しいことを始めたり、新しい情報を集めたりして、コミュニケーション力を養います。

今月、私たちの心身に影響を与えるふたご座は、蝶々のような星座です。蝶々は、軽やかに風に乗って、自由に花から花へと蜜を吸いながら、植物の受粉を媒介します。蝶々の触覚には人間の鼻と同じように、花から発せられる香りを感知する役割があります。

この触覚のように、情報を感知するアンテナを立てて過ごしていきましょう。そして、キャッチした情報をみんなで共有することで、人と人とをつないでいきます。

また、**新月から上弦の月に向かう今週は、新しいことをスタートさせるために自然と情報収集が活発になる頃**です。肺は、外の空気を体内にとり入れることから、情報を体内にとり込む臓器と考えられています。また、ふたご座の支配する部位も肺になるので、今週は肺に意識を向けることが大事です。

これだけはやってみて

**菖蒲湯で身を清める**

旧暦5月5日は、陽「+」のエネルギーを持つ奇数の「5」が二つ重なる日で、足すと10の偶数になることから、陰「-」のエネルギーに転じます。陽とは活動・行動の意味で、陰とは休止・静止のことを指します。陰とされる旧暦5月5日は「菖蒲湯」に入り、身を清め邪気を払っていたとされています。

今週の 心の調律

## 人に伝えたいことを明確にする

情報をキャッチする感度を上げながら、自分が本当に人へ伝えたいことは何かを考えていきましょう。人生を振り返り、大変だった出来事やつらかったことを思いだしてください。そして、**もしタイムスリップしたら、当時の自分に会って、なんと声をかけてあげたいか考えてみましょう。**

たとえば、小学校のときにいじめられていて、毎日泣いていたなら、そのときの自分にどんな言葉を伝えるかを想像します。じつはその言葉は、あなたが本当に人へ伝えたいことにつながっているはずです。

まずは、自分が伝えたいことを明確にし、次にそのことを伝えるためにはどうすればいいかを考えてみましょう。

今週の 体の調律

## 腹式呼吸で呼吸の質を上げる

今週は、肺のケアが重要です。1日10回程度腹式呼吸をして、日々の呼吸の質を上げましょう。

鼻から息を吸い、空気が喉や気管を通ってお腹まで入るのを感じます。お腹が膨らめばOK。そして、吸い込んだ倍の時間をかけて、ゆっくりと息を吐きます。そのとき、口内の上部分にある口蓋《こうがい》に舌先をつけて、口を少し開けてとがらせ、「スゥー」という音をだしながらゆっくり長く息を吐いてください。徐々に緊張がほぐれていくはずです。

また、**ネガティブな情報に触れると呼吸は浅くなるので、ポジティブになれる情報を選ぶことも大切です。**呼吸が浅くなったら、その情報は自分にはあっていないという判断もできるようになります。

ふたご座

旧暦5月——2週目

上弦の月 〜 満月

# 発音を変えて、伝える力を強化！

満月に向かう今週は、人に伝える力を高めていくために、自分の使っている言葉を見直していきます。

日本語には、「雨がしとしと降る」「雨がざぁざぁ降る」などのように、音を文字で表現したオノマトペという言葉があります。また「虫の知らせ」のように、日本人は虫の鳴き声を「虫の言葉」として聞くことができます。これは、自然と人間を一体化させて考えることができる日本人の持つ素晴らしい能力です。

**この時期は、日本独特の文化や言葉を大切にしながら、言葉の力である「言霊」を最大限に使っていきましょう。**

深くしっかりと息を吸って、母音を意識しながら発音することで、言霊の力が強くなります。話すことが得意・不得意、言葉の使い方が上手・下手などは関係なく、誰もが言葉に力を宿すことができます。言葉の意味や使い方ではなく、発音をブラッシュアップすることで効果的に人へ伝えられるのです。

また今週は、体の吸収力が増していきます。ヘルシーで簡単につくれる日本の伝統的な料理「重ね煮」で心身を調律しましょう。旬の食材をふんだんに使いながら重ねて煮るだけですが、とてもおいしいのでぜひトライしてください。

**これだけはやってみて**

**好奇心スイッチをオン！**

新しいことへの好奇心を大切にしましょう。知らないことを知りたいと思う気持ちに正直になって、子どものように純粋な行動をとります。

好奇心を持って新しいことを学び、知識を得ることで、あなたがもともと持っている能力がさらに開花していきます。

## 今週の 心の調律

# 軽やかに気持ちのいい場所へ行く

今週は、考えるよりもとにかく軽やかに行動することが大切です。気分が上がる場所や気持ちのいい場所を選んで、足を運んでください。

そして、その場所の空気を思いっきり吸ってみましょう。自分と相性のいい場所なら、自然と呼吸が深くなるはずです。さらに、**そこで目にする文字や何気なく交わした言葉などに、あなたの好奇心を刺激するヒントが見つかるかもしれません。**

また、満月に向かうこの時期は、物事を完成させたいと力がみなぎり、気持ちが高揚していきます。行きたい場所に行って会いたい人に会い、自由気ままに動いてみるなど、フットワーク軽く人とつながっていきましょう。

## 今週の 体の調律

# 野菜の重ね煮を食べてエネルギー充電

**上弦の月から始まる今週は、月のパワーで野菜の生命活動が活発になります。**この時期のパワフルな野菜を使って「重ね煮」をつくっていきましょう。体もしっかり栄養を吸収してくれます。

つくり方はとてもシンプルです。野菜をお好みの大きさにカットしていきます。そして、鍋底に塩をふり、体を冷やす「陽」の性質を持つ、きのこ、なす、トマト、キャベツなど、地上で育つ野菜から順に重ねていきます。その次に、じゃがいも、大根、玉ねぎ、にんじん、ごぼうなどの土の中で育つ、体を温める「陰」の野菜を重ねて塩をふり、蒸気をもらさず弱火で煮込みます。それぞれの旨味がまざりあう素晴らしい料理になります。

ふたご座

旧暦 5月 3週目

満月 〜 下弦の月

# 自信を持って、自分の経験と知識を話してみよう

満月は何事も完成するタイミングです。そして満たされたものは、シェアしていく時間となります。

アンテナを張って情報をキャッチし、言葉を磨きながらここまで過ごしてきました。周囲の人に何かを伝えたい、話したいと、うずうずしている人もいるかもしれません。ぜひ今週は、どんな些細なことでもいいので、誰かと話しをしてみましょう。

大事なのは、お互いに学びあおうという姿勢です。特別なスキルがなくても、自分が経験したことや知識を伝えることによって、必ず相手は何かしらの新しい視点や知識を得ることができます。自信を持って伝えていきましょう。

**話すことが苦手な人は、ただうなずいて聞くことから始めてください。**黙って聞くことは、話すことよりも難しく、なかなかできることではありません。話すことが上手い人もいれば、聞くことが得意な人もいるように、この世界は必ずバランスが保たれています。

下弦の月に向かう今週の体は、自然にゆるんでいける時期です。ストレスにさらされて交感神経が優位になっている人は、このタイミングをいかして、呼吸に意識を向けてリラックスしましょう。

これだけはやってみて

**何を考えているか意識する**

言葉には神様が宿ると古来の人は考えていました。実際、言葉を声にだして表現することは、現実を変える力を持っています。

そして、言葉にする前に頭の中で考えているときでも、現実への影響があります。なるべくマイナスなことは考えないように意識しましょう。

今週の **心の調律**

## 梅仕事をゆったり楽しもう

「梅が熟する時期に雨が多い」ことから、「梅雨」と呼ばれるようになりました。この時期に旬を迎える梅を仕込んでみましょう。梅漬けや梅シロップ、梅酒、梅ジュースなどをつくってみるのはいかがでしょうか。意外と簡単にできるのでおすすめです。

**梅仕事の工程の中で最も大切にしたいのは、前処理の時間です。**梅をひとつひとつていねいに洗って拭き、傷つけないようにヘタを取りながら、優しい甘い香りを感じてください。

忙しい現代社会だからこそ、このようなゆったりと流れる時間を味わっていくことが、心を整えることにつながります。

今週の **体の調律**

## 深い呼吸で自律神経を整える

今週は、呼吸によって交感神経と副交感神経のバランスをとり、自律神経を整えます。興奮やストレスによって交感神経が優位になると呼吸は速くなります。反対に、リラックスしているときは副交感神経が優位になって呼吸は穏やかになります。

ストレスを感じたときは、深く息を吸って、長く細く息を吐きましょう。そうすることで副交感神経が活発になり、体がリラックスして免疫力も上がっていきます。

現代の暮らしは、どうしても交感神経優位になってしまいがちです。**今週は、リラックスする時間や何もしない時間、ぼーっとする時間、自分にご褒美を与える時間をとくに意識的につくりましょう。**

旧暦 5月—4週目

下弦の月 新月

# 頭の中のおしゃべりをノートに書いて客観視

下弦の月から始まる今週は、もう必要のない考えや思考を手放すことに向いています。**その思考がネガティブなものであればあるほど、終わらせる必要があります。**ネガティブな考えはあなたの行動に影響を与え、ポジティブな情報を見落とすことにつながります。人間関係においては、孤立感が強くなり悲しみが増します。さらに、ストレスを感じやすくなるので、免疫力が低下してしまうでしょう。ネガティブな思考はネガティブな現実を引き寄せてしまうのです。

また、頭の中でいつもうるさくおしゃべりをしていて、思っていることを無意識に口にだしていないでしょうか。今週は、ただ静かに、頭の中で何を考えているのかを観察していきましょう。自分の頭の中のおしゃべりを、殴り書きでいいのでノートに書いてみるとより効果的です。書くことで考えを客観的に見ることができます。

自分の思考パターンに気づき、どれだけ無駄なことにエネルギーを注いでいるのかに気づいていきましょう。

今週の体は、肩・腕・手のエクササイズをしていきます。呼吸筋と呼ばれる腕や肩の筋肉を強化して、同時に肺の機能を高めていきましょう。

これだけはやってみて

## 毎日1時間の情報断食

インターネットやSNSには情報があふれすぎていて、それが原因となって思考の混乱が引き起こされています。

今週は、情報を入れない「情報断食」をしていきましょう。

毎日1時間でもいいので、ネットと頭を使わない時間をできるだけつくってみてください。

今週の **心の調律**

## デジタルデータを整理して思考をクリアに

今週は、パソコンやスマートフォン内の整理をするのがおすすめです。フォルダを分類したり、不要な資料や画像を捨てたりすることで、思考も整理されてクリアになります。

ハートが温かくなるもの、気持ちが上向きになるものだけを残し、ネガティブな記憶や感情がでてくるものは、思い切って削除してください。**記憶が感情を生みだし、感情が思考をつくるので、記憶の整理は大切です。**ぜひこのタイミングで情報を減らし、思考から生まれる言葉を整えていきましょう。

クリアになった思考から生みだされる言葉は、大きな力を持ち、人に響くものになります。

今週の **体の調律**

## 呼吸筋をストレッチ

深い呼吸をすることは、心身にいい影響を与えます。**呼吸には、腕と肩の動きも関わってきます。**今週は呼吸に関わる肩・腕・手の「呼吸筋」をストレッチすることで、肺の働きを強化しましょう。

「息を吸うとき」の呼吸筋の強化は、肩の上げ下げ運動が最適です。鼻から息をゆっくり吸いながら肩を上げます。そのあと、口から息をゆっくり吐きながら、肩を後ろにまわして下ろしていきます。

次に「息を吐くとき」の呼吸筋を鍛える方法を説明します。まず腰の後ろで両手を組み、鼻から息をゆっくり吸います。そして、両腕を下へ伸ばしながら思いっきり胸を張り、口からゆっくり息を吐きます。

言葉を通して伝えあい学びあう1か月

# 旧暦5月の過ごし方のまとめ

旧暦5月の1か月は、いかがでしたか？

ふたご座の「言葉を通して伝えあい学びあう」という欲求が満たされると、「情報通として人を楽しませることができる」ようになっていきます。

ふたご座は、多様な手段で情報を伝えたいと願っています。そして、ふたご座が影響を与える体の部位である「肺」は、体内の情報ネットワークを通じて、酸素と二酸化炭素のデータを効果的に交換しています。

1か月間、心と体の調律を進めてきましたが、皆さんの中で、めぐり始めたものはありましたか？

言葉を通して伝えあい学びあうことができたあなたは、幸せをめぐらせるための12分の1を満たすことができたはずです。

**今月の心の調律ポイント**

相手の言葉に耳を傾ける

**毎週の心の調律**

1週目　人に伝えたいことを明確にする
2週目　軽やかに気持ちのいい場所へ行く
3週目　梅仕事をゆったり楽しもう
4週目　デジタルデータを整理して思考をクリアに

**今月の体の調律ポイント**

深呼吸する時間をつくる

**毎週の体の調律**

1週目　腹式呼吸で呼吸の質を上げる
2週目　野菜の重ね煮を食べてエネルギー充電
3週目　深い呼吸で自律神経を整える
4週目　呼吸筋をストレッチ

かに座新月

旧暦

# 6月

## 豊かな心でつながり支えたい1か月

旧暦6月1日は、「新月」がかに座で起こります。
そのため、かに座のエネルギーが地球に降り注ぎ、私たちの心身に与える影響が強くなる1か月です。

旧暦6月
# 晩夏

月が
かに座
に位置する
季節

今月の傾向

## 温かい心で人に共感してサポートする

旧暦6月は夏の最後を意味する「晩夏」となります。先月の梅雨の空模様を引きずるものの、カラカラの日照りが続く本格的な暑さによって、水が無くなる季節であることから「水無月《みなづき》」と名付けられています。別名「水張《みずはり》月《づき》」とも呼ばれますが、いずれも「水」が関連する月です。

かに座は「水」の星座であり、「水」が象徴となる旧暦の呼び名と一致しています。月のサイクルを使った旧暦で暮らしていた昔の人々は、星座のエネルギーとも同調していたことがよくわかります。

晩夏は、太陽の力が強くなる夏真っ盛りの季節です。それとともに、私たちが成長に向かおうとする気持ちも最高潮に達します。

成長のためには感情をコントロールし、心をはぐくんでいくことがとても重要になります。**喜怒哀楽すべての感情の善し悪しを自分でジャッジしないで、そのままの気持ちをしっかりと感じることを心がけていきましょう。**

そして、かに座新月から始まる今月は、「豊かな心でつながり支えたい」という欲求を満たすために、共感力やサポートする力を身につけていく時期でもあります。

かに座は「家族」や「母性」を象徴する星座なので、今月は家族のような温かさを持って人を受け入れることにチャレンジしてみてください。さらに、母性が象徴する寛容さをいかして、人とつながっていきましょう。

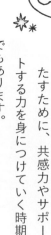

今月の過ごし方

# 「子どもの頃の私」の悩みを解消する

かに座は、感情の「水」に分類され「活動」の性質を持ちます（53ページ参照）。活発に感情で共感しあおうとする星座です。

「かに」が硬い甲羅《こうら》で体の内側を守るように、**今月は自分の「内側の大切なもの」を守り育てていくことに向いています。**

内側の大切なものとは「子どもの頃の私」で、「内なる子ども」「インナーチャイルド」と呼んだりもします。

子どもの頃に味わったネガティブな感情を、まだひとりで抱えて抑え込んでいませんか。その感情をもったままでは、内側の大切なものを守り育てることはできません。

あなたのインナーチャイルドが悩みを抱えていると、生きづらさの原因となってしまいます。私がこれまでにカウンセリングをしてきたすべての人の悩みには、インナーチャイルドが必ず関わっていました。インナーチャイルドの悩みを解消するために「何があっても守ってあげるからね」と子どもの頃の私に語りかけてあげましょう。

また今月は、子どもの頃の気持ちに寄り添ってもらえなかった「切ない」感情や、私は愛されていないという「自己嫌悪感」、人を愛せないのではないかという「罪悪感」も解消していきます。

※今月は母親との記憶に関した内容が含まれます。母親と疎遠だった人。もしくは、母親がいない場合は、親代わりの人やお世話になった身近な人のことをあてはめて考えましょう。

今月の **心の調律**

## 「おかえり」「ただいま」と言える場所を大切に

今月は、**優しさや思いやりを持ちながら、大切な人と心の交流をしていくことがおすすめです。**「おかえり」と迎えて、「ただいま」と帰れる場所を大切に過ごしていきましょう。

家族の中心となって大切な人を守り、愛と安心感を与える母親のように、「母性」をはぐくみます。母親像にネガティブなイメージがあれば、書きかえていきます。

心の調律ポイント **自分で自分を抱きしめる**

誰もが子どもの頃は「愛してほしい」と無償の愛を求めています。大人になった今は、自分で自分を抱きしめ、愛を与えることができます。自分に優しく思いやりを持って、自分の心に寄り添っていきましょう。

今月の **体の調律**

## 感情をコントロールして胃のケアを

**かに座のエネルギーの影響を受ける体の部位は「胃・胆のう・胸」です。**ネガティブな感情が高まると、胃の働きが悪くなったり、胃酸の分泌が増えたりすることがあります。この時期、感情のコントロールはとても重要になります。

母性の象徴である「胸（乳房）」に意識を向けるのも大切です。胸を優しくマッサージしましょう。

体の調律ポイント **高脂肪・高カロリー食は避ける**

揚げ物や肉類、バターやチーズなどの高脂肪で高カロリーの食事は、胃や胆のうに負担をかけるので、できるだけ避けましょう。食べるときは、よく噛みながら楽しんでいただくことで負担を減らします。

# チェックリスト

心と体がゆるみ、幸せがめぐるためのチェックリストです。今月の「豊かな心でつながり支えたい」という欲求が、今のあなたはどのくらい満たされているでしょうか。

当てはまるものの数を確認してみましょう。

- □ 思いやりと愛情を持って、人に親身に関わることができる。
- □ ていねいに家事をしているときに幸せを感じる。
- □ 家族やまわりの人たちの感情を繊細に感じられる。
- □ 自分の感情を素直に表現できて、人の気持ちも受け止められる。
- □ 弱さを見せられる居場所がある。
- □ 人を育てたりお世話したりすることが好き。
- □ 胃に負担をかけない食生活を心がけている。
- □ 自分の母性を発揮できていると思う。

| | |
|---|---|
| 0～2個 | 今月の過ごし方にしっかり取り組んで、<br>欲求を満たし、心と体をゆるませていきましょう。 |
| 3～5個 | 今月の過ごし方に取り組むことで、さらに<br>欲求が満たされ、心と体がゆるんでいきそうです。 |
| 6～8個 | 今月の欲求が満たされていそう。<br>すでに心と体がゆるんでいますね。 |

かに座

旧暦6月―1週目

新月～上弦の月

# 自分で自分に寄り添って安心させる

今週は、自分自身の心を見つめながら「子どもの頃の私」の感情に寄り添うことから始めていきましょう。

まずは、**「子どもの頃の私」と「大人の私」が一致しているかを確認します。**もしかしたら、大人の私は笑っているのに、子どもの頃の私は泣いているかもしれません。その場合、子どもの頃の私は、泣いていることに気づいてほしくて大人の私に訴えてきます。その声を無視しつづけると、人生の中でさまざまな問題が浮上してきます。しっかり理解してあげましょう。

子どもの頃は、誰もが無償の愛を求めています。温かい両手に抱かれ優しさに包まれて育った子どもは、心が落ち着き常に安心の中で生きていけます。

大人になった今は、自分で自分に寄り添い抱きしめて愛を与えることで、安心を得られます。

ただ、子どもの頃にお母さんからマイナスの感情をぶつけられた経験のある人は、自分も誰かに感情をぶつけてしまいかねません。マイナスの感情がでてきたら、相手にぶつける前に、その感情に気づいていきましょう。

また、今週の体調面は、感情をコントロールすることで胃をケアします。

### これだけはやってみて

**愛を感じた瞬間を思いだす**

にぎった手の感触やおいしい料理、優しい匂いや温かい声など、子どもの頃に愛を感じた瞬間を思いだしてみましょう。

両親に愛されなかったと思っている人もいるでしょう。しかしそれは、両親が愛し方をわからずに、愛情の行き違いがおこっていただけかもしれません。

今週の **心の調律**

## 母親とのネガティブな記憶を書きかえる

今週は、ぜひ子どもの頃の母親との記憶にアクセスしてみましょう。一番ネガティブな母親との記憶を思いだしてみてください。

たとえば、その記憶が頭ごなしに叱られたことなら、自分も誰かに同じことをしている可能性があります。そこから抜けだすには、そのときの「本音」と「感情」に気づきましょう。**叱られたとき「本当はどうしてほしかった？」と問いかけます。**話をちゃんと聞いてほしかった場合、それが子どもの頃の私の声であり、自分が望んでいることです。自分が誰かの話をちゃんと聞くことで叶えていきましょう。自分が叶えてほしかったことを行動に移すと、子どもの頃の私が癒やされていきます。

今週の **体の調律**

## 食べる順番と感情マネジメントで胃をケア

今週は、胃に負担をかけないように、食べる順番を意識していきましょう。サラダやスープなど消化に時間がかからないものから食べ始め、胃に負担をかけずに満腹感を得たあと、肉や魚、豆腐などのタンパク質を含む食材をしっかり噛んで食べます。そして最後にご飯やパン、麺類などの炭水化物の順でいただくと消化がスムーズに進みます。

また「**腹が立つ**」「**腹が煮えくりかえる**」「**腹に据えかねる**」**などの言葉は、感情が胃に影響を与えることをあらわしています。**さらに、「むかつく」「気持ち悪い」などの表現があるように、胃と感情は密接につながっています。怒りなどの感情のコントロールを心がけて、胃への負担を減らしていきましょう。

かに座

旧暦 6月 2週目

上弦の月 〜 満月

# 子どものように素直な感情を表現する

先週は、母親との記憶を思いだし、「子どもの頃の私」のためにできることを進めてきました。ネガティブな記憶を思いだしていく中で、抑え込んでいた感情があふれてきた人もいるのではないでしょうか。

基本的には、**自分の中にでてきた感情にしっかりと気づき、その感情があることを認めるだけで、ネガティブな感情は少しずつ消えていきます。**

しかし、自分を抑圧して溜め込みすぎてきた人は、感情が爆発して制御できなくなることもあるでしょう。とくに今週は満月に近づくことで感情が高ぶりやすくなり、コントロールが難しくなるかもしれません。

そのような場合は、ひとりになって、子どものように素直に感情をだしてみてください。思いっきり泣き叫んだり、クッションや枕を叩いたりなど、ひとりの空間をつくって表現しましょう。

また今週は、食欲がなくなりがちな暑い夏の救世主「甘酒」を飲んでみるのはいかがでしょうか。甘酒は、「飲む点滴」といわれるほどビタミン・ミネラル・必須アミノ酸などの栄養素が豊富です。飲むだけで元気になるので、びっくりしますよ。

これだけはやってみて

**動物と触れ合い無条件の愛を学ぶ**

赤ちゃんや犬や猫などの動物との触れ合いを通して、心を癒やし、深い安心感を受けとってみませんか。

赤ちゃんや動物たちは、条件つきの愛情ではない純粋な気持ちを表現してくれます。見返りを求めない姿から、無条件の愛について学ぶことができるかもしれません。

今週の **心の調律**

## 素の自分を大切な人に見せてみる

今週は、ひとりになって感情をだすだけではなく、周囲の人たちの胸をかりて「ごめん怒らせて」「ごめん泣かせてね」と伝えてから、感情を表現したり、子どものように駄々をこねたりするのもおすすめです。

人生を一緒に歩んでいきたい人であればあるほど、この機会に素の自分を見せてみてはいかがでしょうか。自分をとりつくろうことなく一緒にいられたら、もっと幸せを感じられるはずです。

万が一、それで相手が離れていくようだったら、それまでの関係と割り切ることも大切。それでもあなたを受け入れてくれる人は、最高のパートナーや友人になります。**ありのままのあなたを受け入れてくれる人を選びましょう。**

今週の **体の調律**

## 甘酒で胃に負担をかけずに栄養補給！

満月に向かって生命活動はどんどん活発になっていきます。そこで栄養価が高く、胃に負担もかからない米麹でつくられた発酵飲料「甘酒」でエネルギーを補給してみましょう。

甘酒は昔の日本では、夏に飲まれていた伝統的な飲み物で、栄養豊富で消化しやすいため、飲む点滴といわれています。ビタミンBやミネラル、アミノ酸などが多く含まれており、**夏バテによる疲労回復や体力回復にとても役に立ちます。**

夏は、冷たい飲み物や氷菓子などが欲しくなる季節。そのうえ現代は、エアコンで体が芯から冷えて体力が落ちている人が大勢います。ぜひ米麹の甘酒を飲んで元気を回復していきましょう。

かに座

旧暦6月―3週目

満月〜下弦の月

# 大切な人の気持ちに共感する

満月以降は心身ともに満たされ、インナーチャイルドを癒やし、相手のことも受け入れられるタイミングです。

そして、自分の感情をうまく扱えるようになると、人の感情も理解することができるようになります。今週は、相手の気持ちに寄り添いながら心の交流をしていきましょう。

下弦の月に向かうこの時期は、心は満ちて愛があふれ、自然と自分の中の母性も目覚めやすくなります。さらに、少しずつ緊張感もほぐれていくので、感情の発散もスムーズに進みやすいでしょう。

ぜひ「そう思ったんだね」「そう感じたんだね」と、誰かの感情を理解する時間をつくってください。ただ感情に共感してあげるだけで大丈夫。まわりにいる大切な人の気持ちをくみとり、少しでも気持ちを理解してみましょう。

また、**母性をいかすためには、日々の料理にいつも以上に愛を込めてみるのはいかがでしょうか。**栄養価だけではなく、食べ物に込められる愛情はとても大切なものです。

また今週の体は、ミントやバジルなどこの時期に旬となるハーブを有効に使いながら、自然の力を借りて胃や消化器官のケアをしていきましょう。

**これだけはやってみて**

### 手塩にかけておにぎりをつくる

お母さんがにぎったおにぎりが、無性に食べたくなった経験はありませんか。それは、その人にしかだせない味があるからです。それが「母の味」となって、その味が食べたくなり、そこに帰りたいという心が働きます。

今週は自分でおにぎりをにぎって、母の味との違いを感じてみましょう。

今週の　心の調律

## 母親との　ポジティブな記憶を書きだす

今週は、母とのポジティブな記憶や、愛を感じた瞬間を思いだし、そのときの感覚にひたってみましょう。心が温かくなったり体がラクになったり、心も体もゆるむのがわかるはずです。

**その記憶の中から、大事なキーワードを言語化するのもおすすめです。**たとえば、ポジティブな記憶が家族みんなで海に行ったことだった場合、「夏の高揚感、海のにおい、波のリズム、みんな一緒、太陽の暖かさ、ワクワク感」などの言葉を書きだすことで、人生の道標となる大事なことが見えてきます。

そのキーワードが、今の自分の具体的な喜びにつながっている人もいるかもしれません。

今週の　体の調律

## 夏のハーブ、ミントとバジルで消化促進

下弦の月に向かう今週は、夏のハーブである**ミントやバジルで消化器官である胃や胆のうのケアをしていきましょう。**

ミントに含まれるメントールという成分には、胃腸の働きを整え、消化を助ける効果があります。バジルに含まれるリナロールは、消化酵素の分泌を促進し、胃の働きを整えて、消化不良や膨満感を軽くしてくれます。

ハーブを水にひたせば、ハーブウォーターとして、フレッシュで清々しい香りを楽しむことができます。バジルは、ナッツ、塩、オイルと一緒に合わせてフードプロセッサーなどで攪拌し、パスタや炒め物などのソースとして料理に利用するのもおすすめです。

かに座

旧暦 6月 ― 4週目

下弦の月 〜 新月

# 自分を最優先して、子どもの頃の私を受けとめる

下弦の月から始まる今週は「切ない」という感情や、私は愛されていないかもしれないという「自己嫌悪感」、人を愛せないのではという「罪悪感」を感じていた自分をゆるし、その自分を手放していきます。

植物や動物などすべての生命は、あなたを生かそうといつも「無償の愛」を与えてくれています。同じようにすべての人も、無償の愛を持っています。両親に愛されていないと感じる人は、ただ両親が愛をうまく表現できるかできないかだけの違いだということをしっかりと受けとめ、ゆるしていきましょう。ゆるすことができたとき、心はゆるむことができます。

**この時期は、自分で自分を愛で満たしていくことができるタイミング**になります。両親に愛をもらえなかったと思う人は、「子どもの頃の私」をしっかりと愛するように、今の自分自身を最優先してください。そして、あなたの生涯をかけて感情でつながれる人たちを見つけていきましょう。

またこの週の体のケアは、母性や愛の象徴である、胸や乳房に意識を向けて、自分を癒やしながら愛し、温かな気持ちで優しくマッサージをしていきます。

これだけはやってみて

**半年を振り返り、心身の大そうじ**

旧暦6月の終わりに近づく今週は、1年の折り返し地点となります。半年間の穢れや罪を清め、無病息災を祈る「夏越しの祓え」が神社で行われます。

この風習にならい、この半年間を振り返り、これまでの反省や残り半年をどう過ごすかを考える時間をつくり、心身のおそうじを行いましょう。

今週の **心の調律**

## ただそばにいて 誰かの心に寄り添う

かに座と同じように「月」にも母性的な意味があります。月がなければ地球は存在せず、生命の進化もなかったといわれています。月は地球上の生命やわたしたちに密接に関わっているのです。

**月を眺めているとき、母親に包まれているような安心感がありませんか**。月をイメージして、月に抱かれ安心している自分を想像してみましょう。この時期は、くつろいだ自分を感じながら、そっと誰かに寄り添ってみるのがおすすめです。

相手に特別なアドバイスをする必要はありません。ただ受け入れる存在としてそばにいます。何か別のことをしたり考えたりはしないで、一心に相手に意識を向けてあげましょう。

今週の **体の調律**

## 母性愛の象徴の 胸を優しくマッサージ

今週は、母性の象徴である胸・乳房をケアしていくことに向いています。授乳に必要な乳房は、母性愛にもとづいた体の部位と考えられています。自分自身を愛し、母性愛を目覚めさせるためにマッサージしていきましょう。

毎日のお風呂で、体を洗うときに行うのがおすすめです。胸の中央から外側に向かって、円を描くように優しくマッサージしていきます。手のひらや指先を使って、胸の筋肉をなぞるように、深呼吸をしながらほぐしていきましょう。

**デコルテ部分を指でなぞったり、脇の下をぐりぐりとマッサージ**するのもいいですね。リンパの流れや血行を促進できます。

豊かな心でつながり支えたい1か月

# 旧暦6月の過ごし方のまとめ

旧暦6月の1か月は、いかがでしたか?

かに座の「豊かな心でつながり支えたい」という欲求が満たされると、「安心安全な場をつくり、養育できる」ようになっていきます。

かに座は、感情を受け止めて保護したいと願っています。そして、かに座が影響を与える体の部位である「胃」も、体内の守護者として、食物を消化し、栄養を吸収して内部を保護しています。

豊かな心でつながり支えることができたあなたは、幸せをめぐらせるための12分の1を満たすことができたはずです。

今月でちょうど1年の半分が過ぎました。ここまで心と体の調律を進めてきて、皆さんの中で変わり始めたことを見つけてみましょう。

### 今月の心の調律ポイント

自分で自分を抱きしめる

### 毎週の心の調律

1週目　母親とのネガティブな記憶を書きかえる
2週目　素の自分を大切な人に見せてみる
3週目　母親とのポジティブな記憶を書きだす
4週目　ただそばにいて、誰かの心に寄り添う

### 今月の体の調律ポイント

高脂肪・高カロリー食は避ける

### 毎週の体の調律

1週目　食べる順番と感情マネジメントで胃をケア
2週目　甘酒で胃に負担をかけずに栄養補給!
3週目　夏のハーブ、ミントとバジルで消化促進
4週目　母性愛の象徴の胸を優しくマッサージ

しし座新月

旧暦

# 7月

## 創造的に表現して褒められたい1か月

旧暦7月1日は、「新月」がしし座で起こります。
そのため、しし座のエネルギーが地球に降り注ぎ、私たちの心身に与える影響が強くなる1か月です。

旧暦7月

# 初秋

月が
しし座
に位置する
季節

今月の傾向

## 堂々と自分を主張して輝く場所を見つける

旧暦の7月は「初秋」にあたります。残暑が続くものの夜は涼しい風が吹き始め、夏と秋が重なり合ってグラデーションのように交じりあう季節です。

7月7日の「七夕」は、もともとは今月の「上弦の月」の日の前後と重なる旧暦7月7日におこなわれていました。

古く七夕は、女性が裁縫や習字、和歌などの上達を短冊に綴ることで祈る日でした。このように文字を書いて祈り願う風習があったことから、旧暦7月は「文月《ふみづき》」と呼ばれています。

また、稲穂の実りの時期が近づく時期であることから「穂含月《ほふくみつき》」ともいわれます。「実るほどこうべを垂れる稲穂かな」という謙虚な姿勢をあらわす言葉がありますが、この時期は稲穂の実りの前ですので、まだこうべが垂れる前の状態です。

この様子からも、しし座新月から始まる今月は、遠慮することなく、積極的で堂々とした態度で自分を輝かせていくことが大切になります。

今月は、しし座の「創造的に表現して褒められたい」という欲求を満たすために、**オンリーワンの自分にあった私だけのステージを見つけていきましょう。**輝ける場所があるのかと心配しなくても大丈夫です。どんな人にも輝くことができる舞台が必ず用意されています。

しかし、愛に基づいた態度でないと、自己中心的で自分勝手になりすぎることもあるので注意が必要です。

## 今月の過ごし方

# 「私ってすごい」と褒めながら個性を表現していく

しし座は、燃え上がる「火」に分類され「不動」の性質を持つ星座です（53ページ参照）。何事にも動じずに、上昇志向で燃え続けようとします。

そんなしし座新月からスタートする今月は、自分が輝ける場所を見つけて、唯一無二の個性あふれる自分を表現していきます。

具体的には、私って「さすがだな」「本当にすごい」と自画自賛しながら、等身大の自分の存在を堂々と主張していけるようになっていきましょう。

誰もが自分だけの花を咲かせることができる時代です。**誰か特定の人だけを特別だと思い込んでいたエネルギーを自分に向け、自分自身を賞賛し、あなたの人生の主役の座を取り戻してください。**

あなたの人生はあなただけのものです。自分の人生を積極的に生き、自分で人生の舵をとっていきましょう。

また、今月は「悔しさ」から背伸びをして見栄を張ってしまったり、「自己否定」から人を責め立てたりする心理が働きやすくなります。自分のネガティブな感情に気づきながらも、前に進んでいくことがとても大切になります。

※今月は父親との記憶に関した内容が含まれます。父親と疎遠だった人、もしくは父親がいない場合は、父親代わりの人やお世話になった身近な人のことをあてはめて考えましょう。

今月の **心の調律**

## 自分史上最高のパフォーマンスに集中

人生をより意味のあるものにするためにも、**自分の分身になるものを創造し表現していきます**、絵が描ける人は絵画作品を、音楽が好きな人は楽曲を自分から生みだしていきましょう。子どもを出産することも表現になります。

他人と比較せずに、自分の最高のパフォーマンスをするにはどうすべきかに集中してください。

心の調律ポイント **無我夢中になれることを探す**

今月のキーポイントである「創造」を続けるには、一心不乱に没頭できることでなければいけません。あなたは、どんなことに無我夢中になれますか。集中できることを見つけていきましょう。

今月の **体の調律**

## 心臓の鼓動に耳を澄ます

**しし座が影響をもたらす臓器は「心臓」です**。しし座は輝きを放ち中心的な存在であるように、心臓は体の中心部に位置し、重要な役割を担います。

今月は、心臓をケアするために、鼓動を感じる程度の運動をしていきましょう。運動する時間がとれない人は、鼓動に耳を澄ます時間をつくるだけでも心臓の健康に役立ちます。

体の調律ポイント **湯船につかり心臓ケア**

普段はシャワーだけですませる人も、ぜひこの機会に肩まで湯船にしっかりとつかってみましょう。心臓にほどよいお湯の圧力がかかり、自然と心臓のケアの時間になります。

# チェックリスト

心と体がゆるみ、幸せがめぐるためのチェックリストです。今月の「創造的に表現して褒められたい」という欲求が、今のあなたはどのくらい満たされているでしょうか。当てはまるものの数を確認してみましょう。

- □ ゆるがない自信を持っている。
- □ 自分の個性や意志を貫くことができる。
- □ リーダーシップをとることが多い。
- □ 楽しく遊び心を持って自分のやりたいことをやっている。
- □ 断るとリスクがありそうでも、ノーと言える。
- □ スポットライトを浴びたり、目立ったりすることが好き。
- □ 血圧はいつも正常な数値だ。
- □ できるだけ運動を心がけている。

| | |
|---|---|
| 0～2個 | 今月の過ごし方にしっかり取り組んで、<br>欲求を満たし、心と体をゆるませていきましょう。 |
| 3～5個 | 今月の過ごし方に取り組むことで、さらに<br>欲求が満たされ、心と体がゆるんでいきそうです。 |
| 6～8個。 | 今月の欲求が満たされていそう。<br>すでに心と体がゆるんでいますね。 |

旧暦7月 1週目

新月 上弦の月

# 自分の魅力を発揮できることを見つける

今週は、自分自身の輝きに目覚め、自分の魅力を最大限に発揮することが大切です。リスクを恐れず、周囲の目を気にせずに、無我夢中になれることや本当にやりたいことを見つけましょう。

旧暦7月は、父親との記憶にアクセスしていきます。しし座は心に消えることのない火を灯しながら、まっすぐに我が道を進む星座です。揺らぐことのない確固とした信念がなければ、その火は消えてしまいます。現代では、本当にやりたいことだけを選択して、夢中になれる環境を確立するのが難しいかもしれません。また、生き方のお手本となる父親も、現代社会の中で忙しく働き、本当にやりたいことに熱中できる時間がなかなか持てないでしょう。

そんな中でも、**子どもの頃の父親が夢中になっていたことは何でしたか**。一緒に何かに熱中した記憶はありますか。お父さんが子どものように目をキラキラさせていたときの顔を思いだしてみましょう。あなたがあなたらしく輝くためのヒントが見つかるはずです。

また今週は、胸が高鳴るようなときめくことや、心が震えてハートが熱くなる体験をすることで、心臓の働きを活性化していきます。

**これだけはやってみて**

**しょうがを乾燥させる**

根菜類は、秋に掘り起こすと、その治癒力が根の部分までいきわたっているといわれます。そこで今週は、「根のもの＝しょうが」を使ってみましょう。

体を温める「根しょうが」をスライスして1週間ぐらい天日干しをして乾燥させます。長期間保存できるので便利です。

## 今週の 心の調律

# 何を優先させて、何をやらないか決める

今週は「自分にとって何が最も大切で、何を優先するべきか」を明確にしていきましょう。最優先ではないことに、時間やエネルギーを使っている人がほとんどです。「やるべき」と思っていることや、「やらなくてはいけない」と思い込んでいることと、「本当はやりたいこと」をわけて書きだしていきましょう。

自分が主役になって自分の人生を生きていくために、今満足していることや大切にしたいことに気づき、確実に未来へつなげていきます。

さらに、**今まで感動したことや、心が震えたシーンを思いだすこともおすすめ**。その出来事から、あなたが優先させるべきことが見えてくるはずです。

## 今週の 体の調律

# 童心に返り、ときめきを取り戻す

今週は、新月から少しずつ月が膨らむように、体も徐々に活動的になります。ときめきという「心」の状態をつくることで「心臓」の働きを活性化しましょう。ワクワクと心が高鳴ることや、胸がドキドキと躍動することを見つけてください。

この機会に一度、思いっきり童心に返ることもおすすめです。時間の無駄に感じることをあえてやってみたり、一見すると意味がなさそうなことに真剣に取り組んでみたりと、**ばかげて見えることに本気でトライしてみましょう**。自分の思い込みをはずすことができ、大事なことに気づけるはずです。

生きる気力を取り戻したあなたの心臓の鼓動は、どんどん高鳴っていくはずです。

しし座

旧暦 7月 — 2週目

上弦の月 ～ 満月

# スポットライトを浴びる場所を探す

満月に向かい、月が膨らんでいく今週は「創造的に表現して褒められたい」という欲求をさらに満たしていくことに向いていきます。ぐんぐんと成長をしていく時期なので、やりたいことや好きなこと、無我夢中になれることや楽しいことなど、満足できる自分になるためのアクションを起こしていきます。

まずは、あなたがスポットライトを浴びる場所を探してみましょう。演じたり歌ったり踊ったりスクリーンに登場したりと、大きな舞台に立つだけがスポットライトを浴びることではありません。**どこにだって舞台は用意されています。自分の舞台を自分で演出していきます。**

お世話をすることが好きなら、子育てのできる家庭があなたの最高の舞台になるでしょう。お話しをすることが楽しいなら、しゃべることのできる空間が、あなたが輝く最高の舞台になります。絵を描くことに無我夢中になれるなら、アトリエがあなたのステージです。

やりたいことが見つからなかったとしても、今この瞬間にあなたのいる場所を最高のステージにすることだってできるはずです。自分の内側からあふれでるパワーで、自ら輝きながらまわりを照らしていきましょう。

これだけはやってみて

## 人生をスクリーンに映す

あなたの人生を映画としてスクリーンに映しだすとしたら、それは見ていて楽しく幸せになれる映画でしょうか？

もしそうでなかったとしたら、その映画のシナリオを自分自身で書きかえます。どんな映画を見てみたいかをしっかりイメージしてみましょう。

今週の　心の調律

## 「おてんとうさまが見ている」生き方を実践する

満月に向かい心が高揚していく今週は、内側からあふれるエネルギーを何に向けるか考えましょう。

今週は、日本の文化に深く根付いた考え方である「おてんとうさまが見ている」生き方を通して、揺るがない信念を持つことがおすすめです。

日本人は昔から「悪いことをすれば、おてんとうさまに筒抜けだ」といって、良心にもとづきながら自然の摂理にしたがった正しい生き方をあたり前のように実践してきました。

**自分の内側のモラルや正義感にしたがって行動してみてください。**無我夢中になりすぎると、まわりが見えなくなります。自己中心的になりすぎないようにコントロールしていきましょう。

今週の　体の調律

## 和ハーブのシソを活用して血圧を調整

この時期の旬の食材には、シソやミョウガ、山椒など香りの強い香味野菜があげられます。暑い季節に育った野菜は、太陽の光をたくさん受けとっているので香り成分が豊富です。

シソは和ハーブとして、古くから親しまれてきた植物で、体内の塩分の排出をうながして、血圧を下げる働きがあるカリウムという成分が豊富です。青シソと赤シソがあり、青シソには$\beta$-カロテンがやや多めで、赤シソにはアントシアニンというポリフェノール類が含まれています。

**今週は、赤シソに青シソを少しミックスして「シソシロップ」をつくってみてください。**全身の血流がよくなるだけでなく、疲労回復にも最適です。

しし座

旧暦 7月 3週目

満月 〜 下弦の月

# 夢中になっている姿を周囲の人に見せていく

下弦の月に向かう今週は、創造的にアピールしながら、周囲の人たちにエネルギーをわけ与えることに向いています。また、徐々に気持ちが落ち着いてくる週なので、堂々と表現できる時期です。

ぜひこの機会に、好きで楽しいことや、夢中になれることを周囲に向かってアピールしていきましょう。たとえば、子育てが好きで夢中になれる人は、子どもをお世話している姿を他の人に見せてください。文章を書くことが楽しい人は、物語やエッセイなどを書いて見せていきます。童心に返って無邪気に楽しみながら演出することが大切です。**ポジティブな気持ちで行なうと、楽しそうだと感じて自然と人が集まってきます。**

自分がスポットライトを浴びることができる場所で、自信をもって自分のできることを行います。「あんなお母さん素敵だな」「この物語おもしろいな」と、賞賛を得るだけではなく、自分と同じ信念をもち、似た価値観を持つ人の道標になることができます。

そして今週の満月以降から、体は排出していこうとします。もともと心臓は、血液を送りだすポンプとして血液を放出していることから、今週は心臓ケアにとても向いている時期です。

**これだけはやってみて**

**褒められることを受け入れる**

称賛の反対は、非難や批判です。

もし、自分で自分を非難したり批判したりする気持ちが少しでもあったら、まわりからの称賛が得られにくくなります。

自分の中にそのような一面がないかを見つめてゆるし、できるだけ非難する気持ちを減らしましょう。

今週の 心の調律

## はっきりと自己主張する練習

今週は、自分の考えや意見をはっきりと言う勇気を持ちましょう。**相手を否定するのではなく「私はこう思う／こう考えている」と伝えます。**自分を主張しはじめると、どうしてもまわりの目が気になります。

そんなときは、自己肯定感を高めるチャンスだと捉えてください。昨日より少しでも成長したことを見つけていけば、自己肯定感が高まります。自分の素晴らしいところに意識を向けて、まわりを気にしない練習をしましょう。

自己肯定感が低い人は、もしかしたら子どもの頃、誰かに否定された経験があるかもしれません。自分を肯定するためにも、そのときの悔しさや憤り、怒りの感情を創造のエネルギーに向けていきましょう。

今週の 体の調律

## 胸に手を当てて心臓の鼓動を感じる

今週は、心臓のケアとして、少しだけ汗をかく程度のウォーキングや軽い運動をして、血液循環をよくしましょう。

さらに、自分の命を感じるために、静かに心臓の鼓動に耳を傾けていくこともおすすめです。**眠りにつく前に、胸の上に1分間手を当てて、心臓の鼓動を感じてみてください。**

心臓は、お母さんのお腹に宿ったときから、ずっと欠かすことなく毎日動いてくれています。心臓には、お母さんからの「愛」が宿っているのです。

満月から下弦の月に向かう今週は、愛を感じたり感謝したりすることに向いているので、鼓動を通してお母さんからの愛を感じてみてください。

旧暦
7月—4週目

下弦の月〜〜新月

# 自分の短所の中に光る個性を見つける

下弦の月から始まる今週は、ここまでのことを振り返ってみましょう。冷静沈着になれる時期なので、前に進むよりも、ここまで歩いてきた道のりを振り返ることに向いていています。

現在のあなたは、自分の存在を肯定して認められるようになったのではないでしょうか。「自己否定」から、非難や批判をしてしまっていたことや、「悔しさ」から「怒り」の感情を抱えてしまっていた自分をゆるしながら、ゆるんでいくことができるようになっているはずです。

そして、自己肯定感の低かった古い自分を手放していきましょう。過去にとらわれず、記憶を脱ぎ捨てて前に進んでいきます。

自分を褒めて称賛し、ゆるんでいくためにも、自分の長所と短所をまとめてみてください。**自分のいいところを誰かに聞いてみるのもおすすめです。**

さらに、長所ばかりではなく、短所にも光を当てていきましょう。短所の中にも、あなただけの個性が光っているはずです。

また、今週の体のケアは、1週目でつくった乾燥しょうがを使って、血行をうながしていきます。夏場のエアコンで冷え切った体のケアにおすすめです。

これだけはやってみて

## 短所を長所として考える

短所やコンプレックスに感じていることが、独自の輝きにつながる可能性があります。

たとえば「繊細さ」を短所だと感じている人は、裏を返せば周囲の人の気持ちが敏感にわかる能力を持っていることにつながります。繊細さを磨くことで、独自の輝きをプラスできますよ。

今週の 心の調律

## 徳を積む生き方を心がける

今週は徳を積む生き方を実践していきましょう。良心にもとづいた行動や自然との調和を大切にする生き方を心がけることで、徳を積み、まわりの人からの援助を得られるようになります。**自分の力だけでがんばるのではなく、ゆるみながらも賞賛を得られるのです。**

徳を積む生き方とは、「他人を傷つけずに自分を偽ることなく、嘘をつかずに人のものを欲しがらず、自然の理にかなった暮らしをして貪欲にならないこと」そして、「心を美しく保ち、日々に満足して心を乱さず、心を高めてくれる本を読み真理の導きに従うこと」。これらを少しでも心がけることを大切にしましょう。

今週の 体の調律

## しょうが湯で体の芯からポカポカ

1週目に乾燥させたしょうがを使って体を温めます。乾燥しょうがにそのままお湯を注いで飲んでもいいですし、フードプロセッサーやおろし器で粉末にしてからお湯に入れて飲用するのもおすすめです。

しょうがには、ジンゲロールやショウガオールといった成分が含まれており、血管を拡張させ、血液の循環を改善する働きがあり、血行を促進させます。

**乾燥したしょうがは、長時間体を温める効果が続きます**ので、体の芯からポカポカになります。また、血液をサラサラにする効果もあり、血圧の安定も期待できます。夏から秋への移行期でもあるこの時期、なんだかだるいなと感じたら、ぜひ試してみてくださいね。

創造的に表現して褒められたい1か月

# 旧暦7月の過ごし方のまとめ

旧暦7月の1か月は、いかがでしたか?

しし座の「創造的に表現して褒められたい」という欲求が満たされると、「尊敬され、愛される」ようになっていきます。

しし座は、エンターテイナーとして、人から認知され評価されたいと願っています。そして、しし座が影響を与える体の部位である「心臓」も、体内のエンターテイナーとして、リズムよく血液を送り続け、全身の動きを演出しています。

1か月間、心と体の循環を進めてきましたが、皆さんの中で、めぐり始めたものはありましたか?

創造的に表現して褒められたあなたは、幸せをめぐらせるための12分の1を手に入れることができたはずです。

**今月の心の調律ポイント**

無我夢中になれることを探す

**毎週の心の調律**

1週目　何を優先させて、何をやらないか決める

2週目　「おてんとうさまが見ている」生き方を実践する

3週目　はっきりと自己主張する練習

4週目　徳を積む生き方を心がける

**今月の体の調律ポイント**

湯船につかり心臓ケア

**毎週の体の調律**

1週目　童心に返り、ときめきを取り戻す

2週目　和ハーブのシソを活用して血圧を調整

3週目　胸に手を当てて心臓の鼓動を感じる

4週目　しょうが湯で体の芯からポカポカ

おとめ座新月

旧暦

# 8月

## 自分を分析して まわりの要求に応える1か月

旧暦8月1日は、「新月」がおとめ座で起こります。

そのため、おとめ座のエネルギーが地球に降り注ぎ、私たちの心身に与える影響が強くなる1か月です。

旧暦8月
# 仲秋

月が
**おとめ座**
に位置する
季節

今月の傾向

## 見返りを求めずに与えることで成長する

季節は秋の真ん中の「仲秋」となり、今月は「仲秋の名月」が訪れます。澄みわたった気持ちのいい秋晴れの空が広がる一方で、台風も多く訪れる時期になり、ころころと天候が変わる特徴があります。

また、8月は「葉月《はづき》」と呼ばれていますが、ほかにも気温が下がり紅葉がすすんで葉が落ちる月であることから、別名「葉落《はお》ち月《づき》」といわれたり、稲が穂を張る時期にちなんで「穂張《ほは》り月《づき》」と呼ばれることもあります。

そんなおとめ座新月から始まる今月は、「自分を分析してまわりの要求に応えたい」という欲求を満たすために、周囲の人たちから求められる自分になっていきましょう。人の役に立つ生き方を通して、多くの人に必要とされる存在になります。

そのためには、秋の天気のように柔軟に変化しながら、自分自身の収穫に向かって成長していくことが大切です。

**「自己完成」に向けて、自分の細部までよく観察して分析しながら、成長のために行動していく月にしてください。**

自己完成のためには、自分がやりたいことだけではなく、自分以外のまわりの要求に応えていくことも必要になってきます。見返りを求めずに、相手に与えることが、自分を成長させることにつながるのです。

いき過ぎると自己犠牲になってしまうので、バランスをとりながら、人のためになることをしていきましょう。

## 今月の過ごし方

# 「私にはできる」と自分を満たし誰かの役に立つ準備を

おとめ座は、感覚の「地」に分類され「柔軟」の性質を持つ星座です（53ページ参照）。状況に合わせて臨機応変に対応して、視覚・聴覚・触覚などの五感の機能をフルにいかそうとします。

人間関係を円滑にしたり、社会の中に適応したりするには、自分の一方的な主張だけではなかなかうまくいきません。相手やまわりとの歩調を合わせていくためにも、控えめに一歩引いて相手を立てることや、まわりに協力してサポートすることも大切です。

また**今月は、細やかな気配りをすることが多く、間違えたくないという気持ちが働いて「緊張感」が高まる時期です。**

役に立たなかったと「欠乏感」を感じやすいときでもありますが、その背後には「恐れ」が隠れている可能性があります。ただ、その恐れは子どものときに感じていたもので、今のあなたにはもう必要ないものです。

「私にはできる」と、自分で自分に声をかけ、自分を満たすことで充実感にひたりながら、その恐れを乗り越えていきましょう。自分自身が満たされてくると、誰かの役に立ちたいと心から思えるようになっていきます。

今月の 心の調律

## 「ありがとう」の種をルーティン化する

自分には何ができるか、何をすることで誰かに「ありがとう」と言ってもらえたら嬉しいかを考えてみましょう。

人は習慣の生き物なので、**何をルーティンにするかで未来が変わっていきます。**自分にできることで、「ありがとう」と喜ばれる行動を毎日繰り返し行なっていきましょう。

心の調律ポイント **毎日の行動と食べものを見直す**

いい習慣は、健康な心と体をつくります。毎日考えていること、日々行なっていること、いつも食べているものを見直しましょう。ネガティブ思考や体が喜ばないものは、できるだけ減らしていけるといいですね。

今月の 体の調律

## 腸が求めているものを選ぶ

**おとめ座が支配して影響を与える臓器は「腸」です。**おとめ座は、必要なものと不要なものをわける性質がありますが、同じように腸は体に必要な栄養素を吸収し、不要なものを排出して選別する器官です。

自分の舌が、おいしいと感じるものを求めがちです。しかし、腸は本当にそれを求めているでしょうか。腸の声を聞いて要求に応えていきましょう。

体の調律ポイント **グルテンフリーで便秘解消**

グルテンは、小麦などの穀物に含まれるタンパク質の一種で、体内で消化されにくいため、腸内環境を悪化させるといわれます。今月は、グルテンを含むパンやパスタなどを減らして腸内環境を整えます。

# チェックリスト

心と体がゆるみ、幸せがめぐるためのチェックリストです。今月の「自分を分析してまわりの要求に応えたい」という欲求が、今のあなたはどのぐらい満たされているでしょうか。当てはまるものの数を確認してみましょう。

- [ ] 仕事ができる人だといわれる。
- [ ] 責任感が強く緻密に物事を進めることができる。
- [ ] 体のメンテナンスを怠らない。
- [ ] 毎日同じことの繰り返しでも嫌にならない。
- [ ] 自分をよく知っていて、他人を大事にできる。
- [ ] 部屋がいつもきれいだ。
- [ ] 毎日同じタイミングで便がでる。
- [ ] 体にいいものを食べるように気をつけている。

| | |
|---|---|
| 0～2個 | 今月の過ごし方にしっかり取り組んで、<br>欲求を満たし、心と体をゆるませていきましょう。 |
| 3～5個 | 今月の過ごし方に取り組むことで、さらに<br>欲求が満たされ、心と体がゆるんでいきそうです。 |
| 6～8個 | 今月の欲求が満たされていそう。<br>すでに心と体がゆるんでいますね。 |

旧暦 8月—1週目

新月 〜 上弦の月

# 体からの声を注意深く聞く

「快」「不快」のどちらを感じるか、体の感覚に敏感になって、内なる声を聞いてみましょう。**「不快」を感じたとき、体は緊張している**はずです。注意深く自分を観察してください。

また、今週の体は「腸」のケアを進めていきます。「腸は第2の脳」といわれるほど、脳と密接につながっています。日本の伝統的な食事を心がけたり、発酵食品をとったりして、腸と脳を喜ばせていきましょう。

「腸」の吸収と排出をスムーズにするための第一歩は、吸収や排出を妨げるものを取り込まないことです。私たちが好んで食べているパンやパスタ、ラーメンやうどん、お好み焼きやたこ焼き、お菓子類など、もちもちとした食感の食材にはグルテンが多く含まれています。それらの食品を、少しずつ控えていくようにしましょう。

味覚が求めていても、体は本当に求めているのか、「快」「不快」のどちらを感じているのか、体の声をじっくりと聞いてみてください。お腹が張っていないか、疲れやすくないか、炎症がでていないか、下痢や便秘になっていないか、眠気に襲われていないかなど、体の感覚に意識を向けましょう。

これだけはやってみて

**食習慣の見直し**

砂糖や乳製品、グルテンを含む小麦類には常習性があり、なかなか完全に断つことは難しいものです。

しかし、今までとくに気にせずにそれらの食品をたくさん食べていた人は、この機会に少しずつ減らしてみましょう。腸が元気になりますよ。

今週の **心の調律**

# 「不快」に感じたことを分析

上弦の月へ向かうタイミングは、新たな視点で物事を始めることに向いています。今週は、いつもと違う角度から自分を見て内省していきましょう。内省とは、自分の心の中を深く見つめて考えることです。

まずは、自分が「不快」に感じたことを書きだします。そのあと、どんな感情があって、何を思ったのか、本当はどうしたいのかを自己分析してください。

たとえば、部下に怒鳴っている上司に不快を感じたとします。そこに「怖い」と感じ、同時に「優しく指導すればいいのに」と思った場合、恐れを乗り越えて「優しく指導したい」という自分の願いが見えてきます。**自分が反応する出来事は、すべて自分の内面を投影しているのです。**

今週の **体の調律**

# ぬか漬けと塩麹漬けで腸活！

今週の体は、吸収力とともに緊張感も高まる時期。腸は神経細胞が多いので、ストレスの影響を受けやすい臓器です。**緊張感が高まる今週は、腸のケアが欠かせません。**

そこで、日本の伝統的な「発酵食品」を積極的にとり入れます。ぬか漬けは、植物性の乳酸菌によって腸内環境が整うだけではなく、免疫力を維持するビタミンやミネラルなどの栄養素が豊富です。

ぬか漬けをつくるのはハードルが高い人は、野菜を塩麹に漬けるだけで、お手軽な腸活漬物ができますよ。食物繊維、ビタミン、ミネラルなどの栄養素が豊富な玄米塩麹であれば、さらに効果が高まります。

旧暦 8月 2週目

上弦の月〜満月

# 心地よい出来事・悪い出来事を書きだして自己分析

月が膨らむ今週は、成長しながら完成させていくことがスムーズにできる時期です。自己分析を続けながら、自己完成を目指していきます。

今週は、**10代、20代、30代など、それぞれの世代ごとの自分を振り返り、分析することがおすすめです。**それぞれの世代別に「快／心地よい出来事」と、「不快／心地悪い出来事」を書きだします。思いだすことができた出来事は、今の自分にとても強い影響を与えている可能性があります。

自分にとって大事なことは、自分の心と体がよく知っています。「快／心地よい出来事」を思いだしたときは、体が温かく軽くなったり、反対に「不快／心地悪い出来事」を思いだしたときは、体が緊張して硬くなったりと、心と体が反応しているはずです。そして、各世代ごとの出来事を眺めていると、共通点が見えてくるかもしれません。私たちがいかに、同じ繰り返しの中で生きているかに気づかされるはずです。その繰り返しを超えていくことがとても大切になります。

また、上弦の月から満月までの今週の体は、秋の味覚「きのこ」をおいしくいただき、栄養素をしっかりと吸収して膵臓を元気にしていきましょう。

これだけはやってみて

**糖分を減らして腸をきれいに**

すべての甘味料は、腸内環境によくない影響を与えます。それだけではなく、砂糖への依存は、ニコチン中毒やアルコール依存症よりも強く、離脱症状もでやすいことが研究で明らかになっています。

今週は、料理に入れる砂糖を減らしたり、砂糖をメイプルシロップなどに変更したりしましょう。

今週の **心の調律**

## 無意識に繰り返す「思考グセ」に気づく

上弦の月から日増しに意欲が高まる今週は、これまでの自分を超えるために、無意識に繰り返している思考グセから抜けだすことに集中します。まずは、自分に強く影響を与えている思考グセに気づきましょう。

たとえば、物事を「白か黒」で考える傾向があり、少しでも失敗すると「わたしはダメだ」と思ってしまう場合。両親のいずれかがそのような傾向があり、その思考パターンが自分に影響を与えていることがあります。

その**思考グセが、子どもの頃の記憶に結びついていると気づくだけで、記憶も思考も書きかえることができます**。そして、その思考グセがまたでてきたら、しっかりと気づき終わらせましょう。

今週の **体の調律**

## きのこでインスリン分泌を促進

生命活動が活発になるこの週は、秋の味覚の代表格で、多種多様なミネラルを含むきのこで栄養を蓄えていきます。

膵臓は、脂肪やタンパク質、炭水化物を分解する消化酵素をつくり、血糖値の調節に重要なホルモン「インスリン」を分泌します。**しいたけはインスリンの合成、貯蔵や分泌に関わっている「亜鉛」が豊富です**。亜鉛が不足すると、インスリンの分泌が減少し血糖値が上がり、無気力になったり集中力の低下につながったりします。

さらに、きのこに含まれるβ-グルカンという成分が、血糖値の上昇を抑制する効果があることもわかっています。

おとめ座

旧暦8月―3週目

満月〜下弦の月

# 十五夜のお月見は、まわりの人に感謝する日

満月の頃は結果が見えてくるタイミングです。今月の「自分を分析してまわりの要求に応えたい」という欲求が満たされる時期になるでしょう。

旧暦8月「仲秋」の満月前後は、「仲秋の名月」となり、最も美しく鮮明に見える月とされています。ただ、旧暦の日づけと月の満ち欠けの周期は完全には一致しないため、「仲秋の名月」が必ずしも満月であるとはかぎらず、数日ずれてしまうことがほとんどです。

満月は感謝を捧げる日でもあり、十五夜のお月見の行事は、秋の味覚の収穫に感謝し、豊作を祝う儀式として行われてきました。

そんなお月見のある今週は、感謝の気持ちを大切にしながら周囲に接してください。また、**「恩送り」として誰かから受けた恩を、別の人に与えていきましょう。**援助や支援をしてくれた恩人の顔を思い浮かべながら、「恩送り」として、自分に何ができるかを考えてみることがおすすめです。

また、満月以降の体は、徐々に排出しようとする力が働くので、腸の中でもとくに排出機能を担っている大腸をケアしていきます。便秘を解消して、デトックスを意識していきましょう。

**これだけはやってみて**

## ミネラル豊富な塩を選ぶ

海の栄養分をたっぷり含んだ天然の塩は、体に不足しがちなミネラルを補い、くずれた心と体のバランスを整えてくれる効果があります。

精製された塩ではなく、天然のサプリメントともいえるミネラルが豊富で、良質な塩を選んで使っていきましょう。

今週の **心の調律**

## 自分を満たすことが何よりも大事

今週は、相手の望むことを優先していきましょう。その結果「ありがとう」と言われたら、胸が温かくなり、自分のハートが喜ぶはずです。それは、与えることで、自分も「ギフト」をもらえたことになります。

大事なことは、自分が満たされている状態で与えることです。自発的に「やりたい」と思えることがポイントです。

満月は、まん丸の形でキレイに空に浮かんでいるから、人を癒やすことができるように、**自分が満たされていなければ、人に与えることはできません。**自分のエネルギー不足を感じたら無理をせずに、自分が元気になれることをしてパワーを補給してあげましょう。

今週の **体の調律**

## 乳酸菌飲料「ミキ」で便秘を撃退

今週は、腸の排出をうながしていくために、乳酸菌飲料の「ミキ」をつくってみませんか。**ミキは、沖縄や奄美大島で神様に捧げるものとしてつくられ、栄養豊富な飲みものとして重宝されてきました。**

作り方は、１キロのお米を洗い、米と同量の水を入れて中火にかけ、お粥をつくります。沸騰しそうになったら焦げないようにかき混ぜます。お粥が重くなったら、50度くらいまで冷まし、１４０〜１７０ｇのさつまいもをすりおろしながら入れてかき混ぜます。その後、１〜２日常温で発酵させます。

麹菌がいらず、温度管理もいらない発酵飲料で、酸味のあるヨーグルトのような味がします。飲むだけでなく、調味料としても使えます。

おとめ座

旧暦 8月 4週目

下弦の月〜新月

# 心も体も空っぽにする

下弦の月から、膨らみがさらに欠けていく今週は、張り詰めていた心と体を完全に脱力させます。できるだけ力を抜いて、心も体も不要なものをだし切って、空っぽになっていきましょう。

この時期は、視野が広がり、自分の状況を冷静に俯瞰して見ることができます。静かに内省しながら過ごせるので、今まてのことを振り返りながら、自分をゆるしていきましょう。

役に立てていない自分に「欠乏感」はありませんか。もしくは、できない自分に「劣等感」を覚えていませんか。人の**要求に応えられない自分でも「完璧なんだ」と、自分をゆるしていきましょう。**

赤ちゃんは何もできない存在です。でも存在しているだけで、まわりの人に幸せを与えます。そして、誰もが歳を重ねるほどに何もできなくなります。年老いたとき、ただ存在するだけで周囲に幸せを与えるためにも、自分はダメだと責めることはやめましょう。

また今週は、プチ断食で体も空っぽにしてリセットします。3食を2食に減らすだけでも大丈夫。消化器をお休みさせる時間を少しでもつくってください。新月に近づくほどに、プチ断食の効果は高くなります。

これだけはやってみて

## デスクまわりの整理を!

今週は、自分のデスクをキレイに片付けます。勉強や仕事がしやすいように整えて、本当に必要なものだけをそろえるようにしてください。

古い書類や、もう使わなくなった資料、以前使っていた問題集などを分類して、必要のないものは思い切って手放してしまいましょう。

今週の **心の調律**

## 虫の声に耳を澄ませて心の回復

日増しに秋が深まっていくこの時期は、虫の音に耳を傾けてみましょう。「キリキリ」と鳴くこおろぎ、「リーンリーン」と鳴く鈴虫、「チンチロリン」と鳴くまつむしなど、それぞれの音が心地よいハーモニーになって聞こえてきます。その大合唱の音に耳を澄ますことで、リラックス効果や心理的な回復効果があることが、近年明らかになっています。

行楽日和の多い時期なので、自然の中に身を置いてみるのもいいかもしれません。虫の音だけではなく、鳥の鳴き声や川のせせらぎなど、**自然はいつでも私たちを癒やして健康へ導いてくれます。**自然の中で、自分の過去を受け入れゆるしていきましょう。

今週の **体の調律**

## 梅醤番茶《うめしょうばんちゃ》で16時間のプチ断食

体を空っぽにするために、梅醤番茶を飲みながらのプチ断食がおすすめです。夕食を終えてから、次の日の朝食を抜くと16時間胃が空っぽになります。この方法なら、無理なくプチ断食が行えます。16時間食べないことが大切なので、ライフスタイルに合わせて時間は調整してください。

つくり方は、中くらいの梅干し一個の種をとり、湯のみ茶碗に入れて、醤油を適量入れて練ります。そこに番茶を注いでかき混ぜるだけです。さらに、乾燥しょうがかしょうがのしぼり汁を少し入れてみてください。**梅のクエン酸としょうがの成分が、代謝をうながし血行を改善させて体を温めるので、断食の落とし穴である冷え対策ができます。**

自分を分析してまわりの要求に応える1か月

# 旧暦8月の過ごし方のまとめ

旧暦8月の1か月は、いかがでしたか?

おとめ座の「自分を分析してまわりの要求に応えたい」という欲求が満たされると、「上質で洗練されていく」ようになっていきます。

おとめ座は、より正確で効率的になりたいと願っています。そして、おとめ座が影響を与える体の部位である「腸」も、体内の正確な調整役として栄養素を精密に選別し、不要物を確実にとり除いていきます。

1か月間、心と体の調律を進めてきましたが、皆さんの中で、めぐり始めたものはありましたか?

自分を分析してまわりの要求に応えることができたあなたは、幸せをめぐらせるための12分の1を満たすことができたはずです。

**今月の心の調律ポイント**

毎日の行動と食べものを見直す

**毎週の心の調律**

1週目　「不快」に感じたことを分析
2週目　無意識に繰り返す「思考グセ」に気づく
3週目　自分を満たすことが何よりも大事
4週目　虫の声に耳を澄ませて心の回復

**今月の体の調律ポイント**

グルテンフリーで便秘解消

**毎週の体の調律**

1週目　ぬか漬けと塩麹漬けで腸活!
2週目　きのこでインスリン分泌を促進
3週目　乳酸菌飲料「ミキ」で便秘を撃退
4週目　梅醤番茶で16時間のプチ断食

天びん座新月

旧暦

# 9月

まわりとバランスをとり
調和をつくる1か月

旧暦9月1日は、
「新月」が天びん座で
起こります。
そのため、天びん座の
エネルギーが地球に降り注ぎ、
私たちの心身に与える影響が
強くなる1か月です。

旧暦9月

# 晩秋

月が
天びん座
に位置する
季節

今月の傾向

## 相手を鏡にして新しい自分を発見する

9月は「長月《ながつき》」と呼ばれ、紅葉が深まる「晩秋」の頃となります。少しずつ日が短くなり、夜が長くなっていくことから「夜長月《よながづき》」とも呼ばれます。

この時期は、お米の収穫を祝う秋祭りが行われるように、成長と完成を祝い、周囲の人とともにお祭りをしていく時間となります。

そんな天びん座新月から始まる今月は「まわりとバランスをとり調和をつくりたい」という欲求を満たしていきます。そのためには、相手を鏡として自分を見つめ、新しい自分を発見しながらまわりと調整していくことが大切です。

まずは、周囲と協力関係を築いていきましょう。人生のさまざまな場面で、人間関係はついてまわり、避けては通れないものです。

その中でももっとも重要な人間関係は夫婦関係になります。夫婦関係の充実は、人生に大きな実りをもたらします。

関係性がうまくいっていない場合、その問題の根源には、あなたの両親の関係性が潜んでいる可能性が高いでしょう。

ケンカばかりしている両親ではありませんでしたか。両親の関係性は夫婦関係のみならず、すべての人間関係において投影されるといわれます。

また、**人といい関係を築くには、まずは自分で自分の状態を整える必要があります。**

そして、夫婦のように長い時間をともにする相手と接するには、嘘偽りのない自分でいることも大切です。

今月の過ごし方

# 豊かな人生にするために、ひとりを卒業する

天びん座は、思考の「風」に分類され「活動」の性質を持つ星座（53ページ参照）で、そのときどきで姿を変えながら、気持ちをわかちあおうとします。

人は人間関係を避けて生きることができません。ひとりでいれば傷つくことはないのでラクですが、人生の中ではどうしても誰かの助けや協力が必要になるときがきます。

人と関わると、考え方や価値観の違いから無理にあわせなくてはならなかったり、折りあいがつかずに嫌な思いをすることもあるでしょう。

しかし、それらの**バランスをうまくとりながら、調和的な方法を見つけていくことで、私たちは成長できるのです。**そして、ひとりでいるときよりも人生はより豊かになっていきます。

人間関係がうまくいかないその裏側には「孤独感」が隠れているかもしれません。理解されないという「絶望」の経験から、もう傷つきたくないと「現実逃避」していないでしょうか。自分の中の「悲しみ」の感情に気づきながらも、まわりの人に「一緒にやろう」という声がけをして、ひとりを卒業していきましょう。

※今月は両親の関係について振り返る内容が含まれます。両親と疎遠だった人、もしくは両親がいない場合は、両親代わりの人やお世話になった身近な人のことをあてはめて考えましょう。

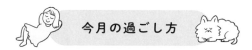

今月の **心の調律**

## ひとりでは 気づけなかった自分に出会う

今月は、人との関係性の中で、ひとりでは気づけない自分を発見することができます。相手との関わりの中で起こった感情や考えを通して、楽しみながら新しい自分に出会ってください。

子どもの頃に両親の仲が悪かった人は、無意識に人と関係を持つのを避けがちです。**うわべだけの付き合いになっていないかを確認してみましょう。**

心の調律ポイント **「一緒にやろう」と誘う**

子どもの頃のあなたは、両親が仲良く協力している姿を見たかったはずです。その姿をあなたが実現させましょう。深い人間関係をつくるために、大切な人に「一緒にやろう」と声をかけてください。

今月の **体の調律**

## こまめな 水分補給で腎臓のケア

**天びん座が影響を与える体の部位は、「腎臓」「膀胱」「腰」になります。**腎臓で濾過された老廃物は、膀胱で尿として溜められて排出されます。また、腎臓は左右の腰のあたりに位置し、背中側から間接的に触れることができる臓器です。

今月は、こまめな水分補給を心がけて腎臓の排出をサポートしながら、腰のエクササイズをします。

体の調律ポイント **加工食品に気をつける**

できるだけ加工食品を避け、添加物や農薬の少ないものを選んでスムーズな排出を意識しましょう。純粋な材料でつくられた食品を購入することは、自分だけではなく、大事な人を守るためにも必要です。

# チェックリスト

心と体をゆるませ、幸せがめぐるためのチェックリストです。今月の「まわりとバランスをとり調和をつくりたい」という欲求が、今のあなたはどのくらい満たされているのでしょうか。当てはまるものの数を確認してみましょう。

- □ まわりの人を助けたり、支えたりすることが好き。
- □ 個性を尊重して、人の長所を見つける力がある。
- □ 関心がいつも他人にあり、常にオープンである。
- □ 良好なパートナーシップを築けている。
- □ 社交的で相手に合わせることが得意。
- □ 自分と同じように、まわりの人を愛することができる。
- □ みんなが納得できる状況をつくることができる。
- □ こまめに水分をとっていて、体のむくみが気にならない。

| | |
|---|---|
| 0～2個 | 今月の過ごし方にしっかり取り組んで、<br>欲求を満たし、心と体をゆるませていきましょう。 |
| 3～5個 | 今月の過ごし方に取り組むことで、さらに<br>欲求が満たされ、心と体がゆるんでいきそうです。 |
| 6～8個 | 今月の欲求が満たされていそう。<br>すでに心と体がゆるんでいますね。 |

天びん座

旧暦9月―1週目

新月　上弦の月

# 相手のいいところをとにかく褒める！

今週は「まわりとバランスをとり調和をつくりたい」という欲求を満たすために、「2人」という単位で折り合いをつけていくことを考えていきます。夫婦次第で家族の在り方が決まり、仕事においてもチームの特徴や雰囲気は、中心となる2人で変わるといったように、2人という関係性が核となって、まわりに大きな影響を与えることが多々あります。

考え方や価値観が同じ性質の2人ならスムーズですが、自分とはまったく違う理解できない性質を持っている場合、お互いをジャッジせずに受け入れあえるか、2人で歩み寄っていい関係が築けるかが問われます。

たとえば、自分が内向的な傾向を持っていたら、外向的な傾向を持つ相手を理解できないと批判したり悪口を言ったりしないことが大事です。**批判を言葉にせずとも、頭の中で思っているのも同じことです。**

悪口の反対は「褒める」になるので、相手のいいところを見つけて褒めることを意識的に行います。笑顔で褒めあうことを大切にする1週間にしてください。

また今週は、腎臓のケアを進めていきます。腎臓の形に似ている食材の「小豆」を活用していきましょう。

**これだけはやってみて**

**相手の考えを尊重する**

良好な人間関係を築いていくために最も大切なことは、過干渉にならないことです。

自分の意見や考えを無理に押しつけずに、相手の意志を尊重してください。

風通しがよくて、ちょうどいい距離感を心がけて、人に接していきましょう。

今週の **心の調律**

## ほかの誰かを鏡にして自分を見つめ直す

他者は自分を映す鏡です。ほかの誰かを鏡に見立て、その人の感情や考えを通して、自分自身を見つめ直して理解します。今週は、相手のことをもう一人の自分だと思って観察しましょう。相手への批判があれば、まずは批判している自分に気づくことが大切です。次に、批判している部分は、自分にはまったくないといえるかを考えます。

いい人だと感じる人は、自分にとって都合のいい人ではありませんか。人間は、安定した状態を維持するための本能が強く、変化やリスクを避ける傾向があります。**いい人ではないと思う相手は、自分に変化やリスクをもたらす人かもしれません。**無意識に変化を避けていることを認識しておきましょう。

今週の **体の調律**

## 小豆昆布をつくって腎臓ケア

新月から上弦の月に向かう今週は、吸収する力が日増しに高まるので、栄養価のあるものを摂取していきましょう。

小豆は腎臓の形に似ているだけではなく、豊富に含まれるミネラルやビタミン、食物繊維が、腎機能の維持や体内の毒素の排出に役立つと考えられています。また、**腎臓の炎症が抑えられたり、利尿作用によってむくみが解消されたりします。**

今週は、小豆昆布をつくってみましょう。昆布を5センチ角に切り、小豆1カップとたっぷりの水と一緒に鍋に入れ、ときどきさし水をしながら柔らかくなるまで煮ます。最後に、自分の舌にあう分量の塩を入れて味つけをしていただきます。

天びん座

旧暦 9月 — 2週目

上弦の月 満月

# ギブアンドテイクの関係を築く

上弦の月から、月が膨らんでいく今週は、急成長していく時期です。与えあい、受けとりあう「ギブアンドテイク」の精神で、周囲を満たし満たされる関係性を築いていきましょう。

相手から何かしてもらったり、受けとったりしたものがあれば、それと同じくらい、もしくは少し多めにお返しをするように心がけてください。たとえば、食事をご馳走してもらったら、今度は自分から食事に誘いご馳走して、ギブアンドテイクを意識します。**どちらかだけが得をするのではなく、どちらもギフトを受けとれるように配慮していきます。**

いつも一緒にいて馴れあいになっている場合は、受け手になりっぱなしではないか、やってもらって当たり前になっていないかを見直し、笑顔で「ありがとう」を交わす関係をつくりましょう。

もし相手を批判したくなったら、その裏に隠れている、褒めることができる部分を見つけてください。相手にかける褒め言葉は必ず自分自身に返ってきます。

また、体は満月に向かって、吸収力が増していきます。栄養を蓄えていくこの時期は、良質なものを少量いただきます。体内に有害なものは控えて、体重管理につなげていきましょう。

これだけはやってみて

### 毎日使う調味料の見直し

旬の新鮮な食材を良質な調味料でシンプルに味つけすることほど、最高のご馳走はありません。

良質な調味料は、商品パッケージの裏面に表記されている「原材料」の欄で、見わけることができます。なるべく原材料の種類が少なく、見慣れない材料が含まれていないものを選びましょう。

今週の **心の調律**

## 「ひとりでも大丈夫」と思えるようになる

今週は、自分自身に嘘や偽りはないか、公平な判断ができているかを確認しながら、集中して対人関係の構築に取り組みます。トラブルが起きたときは、公平な目で判断しなくてはなりません。ただ、悲しみや孤独感があると、無自覚に「ひとりになりたくない」という感情に流され、公平な判断ができなくなります。つまり、ひとりでも大丈夫と思えることが、公平な判断のために最も大切なことなのです。そのために、今週は自分と仲良しになりましょう。

おすすめの方法は、どんなときでも「ありがとう」と心の中で繰り返し唱えることです。**「ありがとう」と思うだけで、心が落ち着き、やがてポジティブな気持ちが生まれてきますよ。**

今週の **体の調律**

## 糖分は、旬の果物からいただく

満月に向かう今週は、体によくない影響を及ぼす砂糖をできるだけ控え、秋の味覚である果物をいただきましょう。秋は果物がおいしい季節です。ぶどう、りんご、柿、キウイなどの収穫が盛んに行われます。これらの果物は、甘いだけではなく、ビタミンCが豊富に含まれています。

空気が乾燥しはじめ、風邪にかかりやすい季節ですが、とくにこの時期の柿は栄養が豊富に含まれます。**柿を食べると健康になり、医者にかかる必要がなくなる**という意味を持つ「柿が赤くなれば医者が青くなる」ということわざがあるほどです。

今週は、体重が増えやすい時期なので、できるだけ甘すぎないものを選ぶことも大切です。

天びん座

旧暦 9月 3週目

満月〜下弦の月

# 心が安定する魔法の言葉「ありがとう」を循環させる

満月から少しずつ月が欠けていくこの時期は、次第に張りつめていた緊張がほぐれていきます。

今週からは、リラックスして、自然の流れに身をゆだねながら力を発揮していきましょう。

まずは、「ありがとう」を循環させていきます。「ありがとう」は、感情に偏りのない中立的な言葉なので、内面の安定をもたらす効果があります。

また、**「ありがとう」の語源は「有《あ》り難《がた》し」で「めったにない」や「めずらしい」という意味になります。**「ありがとう」は奇跡を喜びあう魔法の言葉なのです。

今ここに一緒にいること、出会えたこと、ともに喜びをわかちあえるのは、じつは奇跡の連続です。

とくに今週は、「ありがとう」を伝えあえること、「ありがとう」と言える日々を過ごせることに感謝しながら生活してください。

また、満月以降、体は排出モードに切り替わります。東洋医学の観点から腎臓と膀胱が効率的に活動する時間を意識して、良質なお水を摂取しましょう。

スムーズに毒素を排出することを心がけて、腎臓と膀胱のケアをするのがおすすめです。

**これだけはやってみて**

**同じ歩幅で歩いてみる**

できるだけ相手と同じ歩幅で、足並みをあわせて歩くことを意識してみましょう。相手がゆっくり歩いているようなら、自分もゆっくり歩くことを心がけてください。

相手の行動を真似するのもおすすめです。動きを真似することで、相手への理解が進みます。

今週の **心の調律**

## 一歩踏み込んだ人間関係を築く

今週は、満たされた気持ちになり、愛情を持って人に接することができたり、愛にもとづいて行動することができたりするタイミングです。

また、**人との関係性も自然とスムーズになるので、協力関係も無理なく築くことができます。**

この時期の特徴をいかして、一歩踏み込んだ関係性に持ち込んでいくことがおすすめです。

友達から恋愛へ発展したり、恋愛から結婚へ踏み込んだり。仕事上での関係であれば、お互いを知る時間をつくってみたり、夫婦や家族であれば、お互いの胸の内を打ち明けたりとオープンマインドで関係性を深めていきましょう。

今週の **体の調律**

## 15～19時に良質な水を飲む

東洋医学では、24時間を2時間ずつ区切って、12にわけ、そこに十二支を割り振り、それぞれの臓器を当てはめる考え方があります。その理論によると、**膀胱は15～17時、17～19時が腎臓の時間になります。この時間に、膀胱と腎臓が活発に働く**とされているのです。

膀胱の時間である15～17時は、良質な水や薬用茶をこまめに飲み、トイレは我慢しないようにしましょう。

腎臓が活発な17～19時は、引き続き良質な水を摂取しながら、マッサージをして体の老廃物の排泄をうながすことが効果的です。さらに、19時以降は、できるだけ水分や消化の悪いものは摂取しないようにするのがベストです。

天びん座

旧暦 9月—4週目

下弦の月 ～ 新月

# 周囲との関係を深めるために必要なものを知る

下弦の月から始まる今週は、まわりとの関係性をさらに深めるために、必要なことと不要なことをしっかりわけていきます。どんな習慣を続け、何をやめると、よりよい未来につながるかを判断していきましょう。

人間関係の悩みは、逃れられない関係性の中で生まれます。とくに、恋愛や夫婦の「愛」を通した関係性に私たちは翻弄されます。

恋愛や結婚は両親の関係性がダイレクトに反映されやすく、その関係性を通して私たちは「愛」を学び直していきます。

両親にどんな気持ちの不一致や、考え方の違いがありましたか。両親がどうしたら仲良くいられたのかを考えてみましょう。

そして、自分も同じ関係性を繰り返していないかを確認します。**両親は、あなたの人生にとって何が必要で、何が不必要なのかを教えてくれる**役割を担っているのです。

また今週の体のケアは、腎臓の近くにある腰に意識を向けていきましょう。

腰の痛みや問題が腎臓に影響を与えることもありますし、腎臓が弱っていると、腰まわりの不快感にあらわれることもあります。

これだけはやってみて

## トイレのおそうじ

下弦の月から始まる今週は、手放すことがスムーズにいくので、おそうじに向いている時期です。

体の不要物の排出をうながすためにも、今週はトイレのおそうじが、とくにおすすめです。おそうじをすることで、心の不要なものも、水と一緒に流れていくでしょう。体も心もスッキリさせてください。

今週の心の調律

## トイレにこもって感情を発散する

月が見えなくなっていく今週は、感情を手放していきます。長時間一緒にいるパートナーとの関係性は、対人関係における深い気づきや学びをもたらします。友人や仕事上の関わりであれば逃げられますが、パートナーの場合は、簡単に関係を解消できないため、向きあうことが必要になります。

もしパートナーに感情をぶつけそうになったときは、その場を離れトイレにこもり、感情を発散して水を流しましょう。または、**「胸に手を当てる」という言葉があるように、感情を処理する中枢が「胸腺」にあります。**胸に手を置き、手放したい感情を両手に吸収させ、その手をトイレに向けて感情を捨てるイメージをしたあと、水を流してください。

今週の体の調律

## 腎臓のガッツポーズエクササイズ

腎臓エクササイズをしてみましょう。まず、両ひじを曲げてガッツポーズをします。ガッツポーズは維持したまま腕を下げ、両ひじを両脇にくっつけます。そして両ひじを背中の方にグーッと引き寄せて、左右の腎臓付近に近づけます。胸は開いたまま息を限界まで吸ったら、一気に脱力。これを、5回程度行ってみてください。

さらに、**腰をひねるストレッチで腎臓につながる部位を刺激しましょう。**まずは両脚を伸ばして座り、片方の脚を曲げて、その脚を反対側の脚の外側にクロスして置きます。背筋をグーッと伸ばし、曲げた足のほうへ気持ちいいくらい体をひねり、少しの時間キープしましょう。反対側も同様に行います。

まわりとバランスをとり調和をつくる1か月

# 旧暦9月の過ごし方のまとめ

旧暦9月の1か月は、いかがでしたか？

天びん座の「まわりとバランスをとり調和をつくりたい」という欲求が満たされると、「みんなを喜ばせる人気者として評価される」ようになっていきます。

天びん座は、公平な立場でありたいと願っています。そして、天びん座が影響を与える体の部位である「腎臓」も体内の審判者として血液を濾過し、必要なものと不要なものを公平にわけていきます。

1か月間、心と体の循環を進めてきましたが、皆さんの中で、めぐり始めたものはありましたか？

周囲と協力し、バランスと調和をつくりだすことができたあなたは、幸せをめぐらせるための12分の1を満たすことができたはずです。

**●今月の心の調律ポイント**

「一緒にやろう」と誘う

**●毎週の心の調律**

1週目　ほかの誰かを鏡にして自分を見つめ直す
2週目　「ひとりでも大丈夫」と思えるようになる
3週目　一歩踏み込んだ人間関係を築く
4週目　トイレにこもって感情を発散する

**●今月の体の調律ポイント**

加工食品に気をつける

**●毎週の体の調律**

1週目　小豆昆布をつくって腎臓ケア
2週目　糖分は、旬の果物からいただく
3週目　15～19時に良質な水を飲む
4週目　腎臓のガッツポーズエクササイズ

さそり座新月

旧暦

# 10月

## ひとつのことにしっかり関わって変容する1か月

旧暦10月1日は、「新月」がさそり座で起こります。

そのため、さそり座のエネルギーが地球に降り注ぎ、私たちの心身に与える影響が強くなる1か月です。

旧暦10月

# 初冬

月が
さそり座
に位置する
季節

今月の傾向

## 自分にないものを吸収して生まれ変わる

さそり座新月から始まる今月は「ひとつのことにしっかり関わって変容したい」という欲求を満たすために、自分にないものを他者や外部からとり込んで吸収していきます。そして、自分と他のものとの境界線がなくなるほどにひとつになって、自分を変化させていく時期です。

今月は「初冬」にあたり、暦の上では冬です。まだ秋の気配は残りますが、日増しに冷気が加わり、日が暮れるのも早くなっていきます。

10月は、日本中の神様が出雲に集まり、各地の神様が不在になることから「神無月《かんなづき》」と呼ばれています。また、秋に収穫した穀物で酒を醸《かも》す月であることから、別名「醸成月《かみなしづき》」ともいわれています。

「醸す」とは、穀類を発酵させることをいいます。発酵とは、微生物が食品や物質を分解して、新しい物質をつくる自然の仕組みです。発酵は、ゆっくりと進行するため、時間がかかります。

穀物を醸し発酵させるように、この時期は、時間をかけながらじっくり取り組むことに向いています。**ひとつのテーマを追求したり、ひとりの人と深く関わったりすることで、化学反応を起こし、まったく違う形に変容できるのです。**サナギの中で幼虫が分解されたのちに蝶が飛び立つように、じっと辛抱強く過ごし、変化のプロセスを経験してください。変容したあなたは、すっかり生まれ変わって、まわりを魅了していくはずです。

## 今月の過ごし方

# 「できるまでやってみる」を心がける

さそり座は、感情の「水」に分類され「不動」の性質を持つ星座です（53ページ参照）。現状維持と一貫した取り組みを継続しながら、深い感情を共有しようとします。

まわりが見えなくなるほど誰かと深く関わったり、何かに集中したりして、のめり込んでいきます。そのため、自分が自分ではなくなるような感覚になり、ときに傷ついたり痛みをともなったりすることもあるかもしれません。

しかし、あとから振り返ってみると、その経験があったから今の自分があると思えます。その経験をする前とはまったく違う魅力的な自分に生まれ変わっているはずです。

また、今月は「自己嫌悪」から生じる、相手に対する「嫌悪感」を感じやすくなります。**自分や相手の受け入れられない部分が、どういうところなのかに気づいていきましょう。**たとえば、愛されずに大人になった人は、無意識に愛し愛されることに「罪悪感」を覚えて、逃げているかもしれません。今月は、相手のことが嫌になったり、何かを続けることに疲れたり、嫌気がさすことがあっても「できるまでやってみる」ことを意識して進めていきましょう。

今月の **心の調律**

## とことんひとつのことにはまる

今月は、**関係性を深めたり、何かに一心不乱に取り組んだりして、自分自身を新たにつくり変えます。**とことんひとつのことに深くはまっていきます。

力を注いだものが形になりやすいときなので、あれもこれもと多くのことに力を分散させるのではなく、好きな人との時間を大切にし、「これだ」と思ったことに徹底的に取り組んでいきましょう。

心の調律ポイント **専念すべきことを見極める**

自分にとって大切な人や、本当にやりたいことに集中するために、まずは専念すべきことが何かを見極める必要があります。心を集中させ、わき目もふらずに考えてみましょう。

今月の **体の調律**

## 生殖器と性ホルモンのケア

**さそり座が影響をもたらす臓器は「生殖器」です。**

今月は、女性であれば生殖機能に関わる卵胞ホルモン（エストロゲン）と黄体ホルモン（プロゲステロン）のバランスを月のリズムで整えます。男性は、男性ホルモンの95％をしめるテストステロンの生成に必要な、亜鉛やビタミンD、マグネシウムを摂取することがおすすめです。

体の調律ポイント **月のリズムで月経を整える**

女性の生理周期は、月の満ち欠けのサイクルとほぼ合致しています。つまり、本書を読んで月の満ち欠けリズムを意識した生活をするだけでも、月経のリズムが自然に整っていく可能性があります。

# チェックリスト

心と体がゆるみ、幸せがめぐるためのチェックリストです。今月の「ひとつのことにしっかり関わって変容したい」という欲求が、どのくらい満たされているでしょうか。当てはまるものの数を確認してみましょう。



- □ 誰かと深い信頼関係を築くことができている。
- □ 他者の協力を受け入れ、意見をとり入れることができる。
- □ 人や物に執着せずに思い切って手放すことができる。
- □ 他者の心理や要望を理解し、サポートすることが得意。
- □ リスクがあっても変化を選択できる。
- □ 徹底的に集中して取り組める。
- □ 生理は順調にあり、痛みも少ない。
- □ パートナーとのスキンシップを大事にしている。

| | |
|---|---|
| 0～2個 | 今月の過ごし方にしっかり取り組んで、<br>欲求を満たし、心と体をゆるませていきましょう。 |
| 3～5個 | 今月の過ごし方に取り組むことで、さらに<br>欲求が満たされ、心と体がゆるんでいきそうです。 |
| 6～8個 | 今月の欲求が満たされていそう。<br>すでに心と体がゆるんでいますね。 |

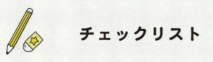

さそり座

旧暦10月 ― 1週目

新月 〜 上弦の月

# 集中して取り組みたいものを覚悟を持って決断する

新月から始まる今週は、新しい自分に生まれ変わるために、できるだけひとつのことやひとりの人に絞ってエネルギーを注いでいきましょう。

そのためにまずは、自分にとって本当に必要なものを厳選します。自分の力をどこに向けていくかを明確にしていきましょう。誰と深く関わり、強固な絆をはぐくみたいでしょうか。集中して取り組みたいものはなんでしょうか。今週は、そのことを考え続けてください。

誰もが、ひとりの人やひとつの物事に決めることを無意識に避けています。なぜなら、傷つくことやリスクを負うことから逃げたいからです。だからこそ、覚悟して決断したときは、人生が大きく変化しはじめるのです。

今月は、傷つくことをおそれずに多少のリスクを受け入れていくことで、自分が生まれ変わる最初の一歩にしていきましょう。**何かに集中することには緊張感がともないますので、自分自身を癒やしながら進めてください。**

今週の体は、今の時期に必要な栄養素を豊富に含むレンコンを食べて、子宮をいたわっていきます。根菜類は体を温める効果があるので、この時期の食材にぴったりです。

**これだけはやってみて**

## 生まれたときの月の形を意識する

自分が生まれたとき、お月さまがどんな形をしていたかをインターネットで調べてみてください。

「月齢カレンダー」と検索して、自分の生年月日を入力し、生まれたときの月齢を確認してみましょう。その月の状態から1週間ぐらい、とくにリラックスを心がけると調子がよくなります。

今週の　心の調律

## 「明日死んだら後悔すること」を書きだす

今週は、自分にとって必要なものを厳選します。なくてはならないものを見つけるために、明日死んだら後悔することを書きだしていきましょう。あの人に伝えたいことがあった、あれをやっておけばよかった、こうしておけばよかったなど、さまざまな思いが駆けめぐっているかもしれません。忙しい、時間がない、ほかにやるべきことがあるなど、**言いわけをせずに今日から1日5分でもいいので、やらなかったら後悔することをノートに書きはじめてみませんか。**

力を注いだことに短い時間で結果がでやすい今週は、やりたい何かに没入してください。後悔することを書いたリストをもとに、自分が必要だと決断したことを信頼して進めていきましょう。

今週の　体の調律

## 旬のレンコンと秋鮭を食べて子宮ケア

初冬を迎えたこの時期は、魚や根菜類が出まわり始めます。その中でも旬の「レンコン」と「秋鮭」はおすすめです。**太りにくい時期なので、罪悪感なくおいしくいただきましょう。**

根菜のレンコンは、体を温めてくれるだけではなく、免疫機能を高めるビタミンCが豊富です。また、レンコンに含まれるタンニンという成分が、血管を収縮させる働きを持っており、子宮からの不正出血や出産後の止血にも効果があるとされます。

秋鮭に含まれるオメガ3脂肪酸は、炎症を抑制して血流を改善します。また、秋鮭のたんぱく質は、細胞の修復や成長に必要な栄養素で、子宮内の組織や筋肉の健康を維持することに役立ちます。

さそり座

旧暦 10月 — 2週目

上弦の月 〜 満月

# じっとエネルギーを蓄えて さそりのように生命力を高める

上弦の月から満月に向かう今週は、意欲が増す時期なので、完成や達成に向かって成長することに向いています。

突然ですが、自分の命が尽きてもなお、この地球に残したいものはなんでしょうか。あなたは誰から何を引き継ぎ、何を次の世代に継承したいですか。それらのことを考えたとき、自分自身と強く結びつき、生きていくための活力や生命エネルギーが高まります。

今月の星座の「さそり」は、数億年ものあいだ、過酷な環境でも順応して生き延びた適応能力を持ちます。また、さそりの毒は、生命維持や自己防衛のために生みだされたといわれ、その底知れぬパワーは目を見張るものがあります。

今週は、じっと力を溜め込みながら、さそりのように生命力を高めることに向いています。先週選んだひとりの人、ひとつのことに深く入り込むことで無駄な力を使わず、エネルギーを蓄えられます。**他人を変えることはできませんが、自分が生命力を高めて変化することで、相手を変容させることができます。**

また、今月の体は、旬の大豆を使った料理や大豆製品を摂取することによって、女性性を高めながら、男性ホルモンのバランスを整えていきます。

これだけはやってみて

**今が最善だと受け入れる**

ひとりの人や、ひとつのことを辛抱強く見つめて、あるがままを受け入れていきましょう。

先週自分が選択した関係性を深めたい人との状況が今どうなっていようとも、ひとつのことを選んだ結果がでていなくても、すべては最善であると信じます。そして、目の前のことに注力していきましょう。

今週の **心の調律**

## 信頼できる人に 裸の自分で飛びこもう！

今週は、ひとりの人やひとつの物とさらに深く結びつき、生まれ変わりの体験を進めます。自分を信頼できていなければ、人を心から信頼することや、物事を継続することは難しいでしょう。

　自分を信頼するために、自分の感じていることと行動を一致させます。たとえば、**自分には違和感があるのに、義務感から行動しようと無理していませんか。**自分を裏切るようなことは控えてください。

　また、人と心から信頼し合うには、お互いが裏表のない姿を見せあうことが最も大切です。たったひとりだけでも大丈夫。心から信頼できる人に、裸の自分で飛び込み、ありのままの自分の姿を見せながら絆をはぐくんでいきましょう。

今週の **体の調律**

## 大豆料理で女性性アップ

今週は、パワフルで栄養価の高い旬の大豆を使った料理にチャレンジしましょう。

　女性ホルモンである「エストロゲン」は、女性らしい体型や美しさを維持するのに欠かせません。そして、**大豆などのマメ科に豊富な「イソフラボン」は、エストロゲンに似た働きをします。**イソフラボンは、ポリフェノールの一種で強い抗酸化作用を持ち、ストレスなどで増える活性酸素を抑えます。また、男性ホルモンのバランスを整える効果も期待できます。

　今週は、豆腐や納豆、味噌などの大豆を加工した食品を積極的に食べていきましょう。また、大豆を浸水させてから茹で、旬の根菜類と一緒にコトコト煮込んでいただく料理もおすすめです。

さそり座

旧暦 10月 — 3週目

満月 〜 下弦の月

# 死生観について思いをめぐらせる

満月から始まる今週は、下弦の月に向かって、溜め込んだ力を少しずつ発揮していきましょう。緊張感が徐々に落ち着いて、自分の中にあったパワーに気づきながら、ゆったりと自分自身にくつろげます。そして、生まれ変わった自分を認識できる時期です。

これまでの自分ではなくなったことに動揺しながらも、揺るがない強さが手に入っているのではないでしょうか。その強さは、「何が起こっても大丈夫」という自分自身との深い信頼から生まれたものに違いありません。

すべてを受け入れられる自分になるために、今週は自分の死生観を明確にし、生きることと死ぬことの意味を考えます。**死と向き合うときに初めて、生きることを真剣に考えはじめる人が多いものです。**それは、死という避けられない出来事を見つめることで、本質的なことに気づき、より豊かな人生を追求しようとするからでしょう。

あなたは、何のために生まれてきて、何を残して死んでいきたいでしょうか。ぜひ、思いをめぐらせてください。

また、今週の体のケアは、ストレスを緩和することにより、子宮や卵巣などの生殖器のケアをしていきます。

**これだけはやってみて**

## がんばっている人に声をかける

今週は、できるまで取り組んでいる姿、一生懸命な姿勢、全力を尽くしているまわりの人を讃えていきましょう。

そして「そんなにがんばらなくても大丈夫だよ」と、声をかけてください。

その人の心と体の緊張がほぐれ、あなたとの関係性を深めることができます。

今週の **心の調律**

## 心のセンサーを正常に機能させる

**自分の最高の最期の姿をイメージしましょう。**誰とどこで、何をして最後の日を迎えたいですか。自分にとって大事な人やものが明確になるはずです。

私たちは欲求を満たして生きています。欲求が満たされると、幸せや満足感は高まります。

しかし、子どもの頃から競争を強いられる現代では、もう十分という満足を感じる心のセンサーが機能しなくなっています。欲求は尽きることがありません。

まずは、今の状況に満足して心のセンサーを正常にしましょう。心が本当に求めているものが見つかるはずです。そのために今週は、自分の理想の最期をイメージし、どんな死を迎えたいか、そのために必要なことは何かを考えてください。

今週の **体の調律**

## 抱きしめて人間関係と生殖器のケア

満月以降は、人との関係性をはぐくむことがスムーズに進むタイミングです。このときをいかして、自然と豊かな人間関係を築いていきましょう。

今週は、抱きしめることやスキンシップがおすすめです。パートナーや子どもをしっかりと抱きしめ、信頼関係を強固なものにしながら、お互いに幸福感や安心感を手に入れます。あいさつ代わりのハグや、ペットをかわいがることもいいですね。

**抱きしめることでストレスホルモンであるコルチゾールのレベルが低下し、リラックス効果が期待できます。**生殖器はストレスの影響を強く受ける臓器なので、触れあうことで生殖器のケアをしていきましょう。

さそり座

旧暦10月 — 4週目

下弦の月 〜 新月

# 「執着」から起こる「依存」を手放す

新月に向かって、月が見えなくなっていく今週は、「執着」を手放すタイミングです。執着は、物事や人に強く固執し、離れたくないという強い感情のこと。何かと深く結びつくと、愛着やこだわりが生まれ、離れがたい気持ちが芽生えます。

執着心が強くなりすぎると、相手がいなくては生きていけない「依存」が起こり、お互いの関係が悪化しやすくなります。そして、依存関係を続けてしまうと、2人とも成長できず、人生がいつもゆらぎやすく、本当のやすらぎや幸せが得られなくなるでしょう。

人は、出会いがあったら必ず別れを経験します。早いか遅いかの違いがあるだけなのです。**依存関係にならないためには、人と深い絆をはぐくむよりも先に、ひとりでいつも満たされている状態になることが大事です。**

また、何かに集中することで得られた結果に対する執着や、これがないと私ではないといったこだわりはないでしょうか。握りしめていることを手放すことがスムーズに行なえる今週は、何者でもない私をゆるし、脱力していきましょう。

今週の体は、鼻うがいをして浄化を進め、生命エネルギーを高めていきます。そして、執着を手放すことをサポートしましょう。

これだけはやってみて

## お風呂のおそうじ

お風呂は、体の汚れをキレイにするだけの場所ではありません。

目に見えないネガティブなエネルギーを流すためにも、とても大切なところになります。

今週は、あなたのクセになっているネガティブ思考を手放すために、念入りにおふろそうじをしておきましょう。

今週の **心の調律**

## お風呂にゆっくりつかって禊《みそぎ》をする

古くから温泉は日本人に愛されています。健康やリラックスのためだけではなく、家族や地域社会とのつながりを深める場として重要な役割を果たします。

生まれたての赤ちゃんは産湯につかりますよね。また、「湯灌《ゆかん》」と言って、一生を終えた故人の疲れをお湯で洗い流し、労をねぎらいながらお別れをする儀式もあります。このように、入浴によって絆を深めて禊をすることは、昔から行われてきました。

今週は、**過去の出来事や感情を解放するために、すべてをお湯で洗い流すイメージで自宅のお風呂にゆっくりとつかりましょう。**温泉にでかけ、労をねぎらいながらのんびりするのもおすすめです。

今週の **体の調律**

## 鼻うがいで邪気払い

東洋医学では「邪気」が鼻などから侵入すると体に悪い影響を与えると考えられています。また、日本古来の習慣にも、邪気を払う儀式が多くありますよね。

生命エネルギーを低下させる邪気を抜くために、今週は鼻を水で流す「鼻うがい」がおすすめです。**上咽頭の炎症が慢性疲労を起こすとされるので疲労改善につながったり、風邪やウイルス感染の予防にもなったりするとされます。**

鼻うがいの方法は、５００mℓのお湯に小さじ2／3程度の食塩を溶かし、ノズルのついたプラスチックボトルに入れて、片方の鼻からいれて反対の鼻から食塩水をだすのを左右交互に行います。初めは慣れないかもしれませんが、体の調子がよくなっていきますよ。

ひとつのことにしっかり関わって変容する1か月

# 旧暦10月の過ごし方のまとめ

旧暦10月の1か月は、いかがでしたか？

さそり座の「ひとつのことにしっかりと関わって変容したい」という欲求が満たされると、「魅力的に人を癒やせる」ようになっていきます。

さそり座は、人からの信頼を得ることで影響を与えたいと願っています。そして、さそり座が影響を与える体の部位である「生殖器」も、生命の創造を通じて、命の連鎖をつなげながら未来に影響を与えています。

1か月間、心と体の調律を進めてきましたが、皆さんの中で、めぐり始めたものはありましたか？

ひとつのことにしっかりと関わって変容することができたあなたは、幸せをめぐらせるための12分の1を満たすことができたはずです。

**●今月の心の調律ポイント**

専念すべきことを見極める

**●毎週の心の調律**

1週目　「明日死んだら後悔すること」を書きだす
2週目　信頼できる人に裸の自分で飛びこもう！
3週目　心のセンサーを正常に機能させる
4週目　お風呂にゆっくりつかって禊をする

**●今月の体の調律ポイント**

月リズムで月経を整える

**●毎週の体の調律**

1週目　旬のレンコンと秋鮭を食べて子宮ケア
2週目　大豆料理で女性性アップ
3週目　抱きしめて人間関係と生殖器のケア
4週目　鼻うがいで邪気払い

いて座新月

# 旧暦 11月

## 探求して視野を広げる1か月

旧暦11月1日は、
「新月」がいて座で起こります。
そのため、
いて座のエネルギーが
地球に降り注ぎ、
私たちの心身に与える影響が
強くなる1か月です。

旧暦11月

# 仲冬

月が
**いて座**
に位置する
季節

今月の傾向

## 上昇志向にのって、広い世界を見にいく

11月は「霜月《しもつき》」といい、その名の通り冷たい風が吹き、霜が降りて本格的な冬が訪れる「仲冬」となります。

旧暦10月は日本中の神様が出雲に集まりましたが、今月は神々が地元に帰ってくることから、別名「神帰月《かみかえりづき》」とも呼ばれます。

「神帰月」という名前にちなみ、自分の中に神様をよみがえらせる月にしていきましょう。

自分の中に神様がいるとは、「もうひとりの自分」の視点で「私は誰なのか」ということに気づいている状態をいいます。そのためには、自分の意識を大きく広げていくことが必要です。

また、いて座新月から始まるこの時期は、「探求して視野を広げたい」という欲求が強くなります。状況に合わせながら自由自在に動きつつ、上昇志向で広い世界を見ていくことを進めていきましょう。

いて座は天の川銀河の中心にあり、弓がモチーフとなっています。そのことから、意識をどこまでも遠くに飛ばし、心を宇宙にまで広げ、たくさんのことを見聞きして理解したいと願っている星座になります。

今月は、あなたがまだ知らない世界に足を踏み入れて、新たな視点を発見しながら成長していくことが大切になってきます。そして、**「私は誰なのか」について「もうひとりの自分」の観点から考えていきましょう。**冒険のようでワクワクしてきますよね。

## 今月の過ごし方

# 「応援してほしい」気持ちを周囲に伝える

いて座は、燃える「火」に分類され「柔軟」の性質を持つ星座です（53ページ参照）。そのときどきの熱い想いを大切にしながら行動していきます。

上半身は人間で下半身は馬の姿をした神様がモチーフとなっているいて座は、異なる2つの要素が組み合わさった超人的な存在です。自由で迅速な行動を邪魔されることで、「いらだち」や「フラストレーション」を抱えやすい性質をもつので、溜め込んでいる「怒り」があれば解消する必要がでてきます。**この時期は、怒りの解放が強くあと押しされるので、この機会に怒りの感情は手放していきましょう。**

さらに、今月はより大きいものや遠くにあるものを求めて、自らアクションを起こし、上を目指したいという心が発動します。そのため、希望に向かって自分が進むことを「応援してほしい」という気持ちを、まわりの人に伝えることも大切になってきます。

あと先考えずに興味関心のあるものに夢中になりやすい一方で、熱しやすく冷めやすいという不安定な1か月でもあるので、自分の行動や選択に一貫性を持たせる意識をもつことが必要です。

今月の 心の調律

## 影響を受けた人を思い浮かべる

今まであなたが出会ってきた人の中で、**お手本にしたいと思える人や、尊敬できる人を思い浮かべてみてください。**

また、今までの人生で自分の視野を大きく広げてくれた人や、可能性を見つけだしてくれた人がいれば、その人からどんな影響を受けたのかを思い返してみましょう。

心の調律ポイント **正しい行動は何か考える**

今月は、何が正しい行動で、何が好ましくない行動なのかを考えて、自分なりの思想を育てていきましょう。

道徳的な判断やふるまいができるようになり、周囲からの信用を得られるようになります。

今月の 体の調律

## 歩くことと、よく噛むこと

**いて座が支配していて、影響を与える体の部位は「肝臓・ふともも」です。**

今月は、歩くときに脚を大きく動かして、ふとももをよく使うことがポイントになります。また、肝臓をいたわることも大切です。お酒はできるだけ控え、よく噛んで食べることを心がけて、肝臓が行なう消化活動の負荷を減らしてあげましょう。

体の調律ポイント **肝臓の消化の仕事を減らす**

肝臓は、多くの仕事を抱えていますが、私たちがとくにサポートしやすいのは消化活動です。

消化のいい食事を選んだり、よく噛んで食べたりすることで、疲れにくい体を手に入れます。

# チェックリスト

心と体がゆるみ、幸せがめぐるためのチェックリストです。今月の「探求して視野を広げたい」という欲求が、今のあなたはどのくらい満たされているでしょうか。当てはまるものの数を確認してみましょう。

- □ 心が広く、大らかで楽観的なほうだ。
- □ 人生のお手本にしていて、尊敬できる人がいる。
- □ 生き方を探求する本が好き。
- □ さまざまなことに興味を持ち、熱中できる。
- □ 向上心があり成長する意欲が強い。
- □ 内なる声や直感に従って決断できる。
- □ 適度に足を使う運動をしている。
- □ 疲れにくくコレステロール値も正常だ。

| | |
|---|---|
| 0～2個 | 今月の過ごし方にしっかり取り組んで、<br>欲求を満たし、心と体をゆるませていきましょう。 |
| 3～5個 | 今月の過ごし方に取り組むことで、さらに<br>欲求が満たされ、心と体がゆるんでいきそうです。 |
| 6～8個 | 今月の欲求が満たされていそう。<br>すでに心と体がゆるんでいますね。 |

旧暦 11月 — 1週目

新月〜上弦の月

# お手本にしたい生き方をしている人を探す

いて座新月から始まる旧暦11月は、雪が降り本格的な冬将軍が到来する季節です。厳しい寒さを乗り越えるには生きる知恵が必要になってくるように、今週は、人生に訪れる厳しい試練を乗り越えるための知恵を身につけることに向いています。また、今までの習慣を変えて、新たに何かを始めることにも最適なタイミングです。

まずは、自分のお手本にしたい人を探してみましょう。真似したいと思える考えや価値観を持っている人、自分が思い描いた未来をすでに実践している人、なりたい自分に近い人はいませんか。成功者である必要はありません。たとえば、あなたが笑顔で幸せな人を増やしたいなら、心からの笑顔でいるという「あり方」を大切にしている人や、すでに笑顔で人を幸せにしている人に会いにいき、考え方に触れてみましょう。**大事なのは矛盾のない一貫性。常に同じ考えで行動している人をお手本にしてください。**

今週の体は、いて座が支配する肝臓をケアしていきます。アルコール飲料や砂糖、脂っぽい食事を控えることを基本に、クエン酸と重曹でつくる微発砲飲料を利用して、肝臓の代謝と解毒をサポートしていきましょう。

---

これだけはやってみて

**ここにない幸せを追い求めない**

世界幸福度ランキング1位のフィンランドの人々は、生活の質が高く、社会的な支援が充実しているだけではなく、非現実的な幸せを追い求めない生き方をしています。

幸せを感じるには、今に満足して、小さな喜びや幸せに気づきながら毎日を過ごすことが大切です。

今週の **心の調律**

## 生き方を考えられる いい本を読む

上弦の月へ向かうこの時期は、思想や道徳観をはぐくむことで、本当の幸せを探求し、今までの考え方を変えていくことに向いています。

また、優れた知恵を吸収して、厳しい時間を乗り越える力を養うのもおすすめです。

そのために、今週は本を読む時間をつくってみるのはいかがでしょうか。自分の生き方や考え方のお手本になる本、精神的な成長が得られる本、思想や道徳観をはぐくむ本、幸せを感じる考え方についての本を選びます。できればただ読むだけではなく、自分の生き方にいかしていきましょう。

**いい本は、常に何かを追い求め続ける緊張した生き方から、心と体を解き放ってくれます。**

今週の **体の調律**

## クエン酸と重曹で 肝臓の疲労対策

今週は、肝臓ケアのために、アルコール・砂糖・油を控えることはもちろん、柑橘類やお酢、梅干しなどに含まれるクエン酸を積極的にとりましょう。

また、顆粒のクエン酸と重曹を少量ずつ水に溶かした微発泡飲料をつくってみるのもいいですね。エネルギー代謝を助けるとともに、体内の酸性とアルカリ性のバランスが整います。さらに、肝臓の疲れをとり、解毒と代謝の機能をサポートしてくれます。

**本格的に肝臓をケアしたい人には、「ひまし油湿布」がおすすめです。**ひまし油を布に染み込ませて、肝臓部分に貼り、温熱ヒーターで温めます。この方法は、自然療法の一環として行われており、体内の毒素を排出する助けになるとされています。

旧暦11月—2週目

上弦の月〜満月

# 私だけの冒険心を大切に自分を信じて行動する

満月に向かって、月が膨らんでいく今週は、自分の足を使って実際に行動することに向いています。先週はあり方や生き方について考えてきましたが、ここからは実際にアクションを起こして自分自身を満たしていきます。

まだ見たことや行ったことのない場所へ出かけたり、自分の知らない世界の話を聞きに行ったりなど、自分自身の高まる気持ちを大切にしながら、冒険心を持って行動してみてください。

人と足並みが合わなくなり、孤高になりやすいときでもあります。

向上心を持って上昇する気持ちが高まるので、周囲との温度差が生じやすいですが、自分を信じて進んでいきましょう。**まわりの目を気にして人に合わせるのではなく、「私は私」といさぎよく割り切ることも必要です。**自分に嘘をつかずに、自分の内なる声や真実に従って行動してください。

また、上弦の月から満月までの今週は、冬の味覚である「かぼちゃ」を小豆と炊く「いとこ煮」をつくるのがおすすめです。いとこ煮は、日本各地において郷土料理として伝わる有名な料理です。かぼちゃの栄養素をしっかりと吸収して、肝臓を元気にしていきましょう。

**これだけはやってみて**

**あなたならどんな本を書く？**

自分の生き方や思想をまとめるために、もしあなたが本を書くとしたら、どんな内容になるか考えてみましょう。

どんなタイトルで、どんな章立てがいいでしょうか。冒険心を大切にしつつ、未来への思いをまとめていくことで、あなたの人生のテーマやこれからの課題が見えてくるでしょう。

今週の **心の調律**

## よきライバルを大切にする

**満月に向かって成長していける今週は、周囲から尊敬される人に成長するベストなタイミングです。**

誰かと励まし合いながら、フェアプレーで競い合い成長していくことに向いている時期なので、自分にとって切磋琢磨できる存在を大切にしてみてください。

お互いに尊敬し合える相手が近くにいることは、とてもいい刺激となり学ぶことも多いでしょう。心も鍛えられ人間関係をはぐくむ力も養われていきます。今週はぜひ、よきライバルを探してみましょう。

勝ち負けにこだわるのではなく、スポーツや仕事、勉強や研究などを通して、ともに高まっていくことを楽しめるといいですね。

今週の **体の調律**

## かぼちゃと小豆で「いとこ煮」をつくる

かぼちゃは、冬至に食べると風邪をひかないという言い伝えがあったり、地域によっては神棚と仏壇に供えてから食べる風習があったりするほど大切にされてきた食材です。

そこで今週は、いとこ煮というカボチャと小豆を炊いた料理をつくってみましょう。小豆は洗い、浸水させたのちに中火にかけます。沸騰したらアクを取り弱火で1時間ほど煮ます。そして、小豆が柔らかくなったらカボチャを加え、カボチャが柔らかくなるまで煮て完成です。カボチャと小豆は消化を助ける食材なので、肝臓の消化活動をサポートします。また、**カボチャにはビタミンやミネラルが多く含まれ、小豆はたんぱく質や食物繊維が豊富です。**

旧暦11月―3週目

満月〜下弦の月

# 仙人や世捨て人になったつもりで静かに過ごす

今週は、いて座の欲求である「探求して視野を広げたい」という思いが満たされていく時期です。満たされたことで少しずつその欲求から解放されていき、緊張がほぐれていきます。

この時期は、ありのままの私になってくつろぐためにも、世俗から離れて静かな生活を送る仙人や世捨て人になったつもりで日々を過ごしてみましょう。

人生の意味をより深く理解することに努め、幸せや満足感につながる生き方を考え、自然に起こる流れに身をまかせながら人生観を成熟させていきます。

そのうち、周囲の雑音は静かになって、「直感」という形で自分の内側からメッセージが聞こえてくるようになるはずです。

そして、**必要以上に誰かに頼ってしまったり、外部環境に期待したりすることがなくなっていきます。**

また、満月から下弦の月までの今週の体は、日増しに外によぶんなものをだそうとする力が働いていきます。いて座が支配する「ふともも」を使って、エネルギーを生みだし代謝を上げて余分な脂肪を排出していきましょう。ちなみに、運動中にふとももで生成される乳酸は、肝臓に運ばれて再びエネルギーに変換され、筋肉の疲労感を軽減してくれます。

これだけはやってみて

## 自分の中のエゴに気づく

今週は、自分の中のエゴに気づいて解放していくことが、幸せを見つけるポイントになってきます。

今、自己中心的になりすぎていないか、利他的に動けているか、もうひとりの自分が自分を観察するように見つめていきましょう。

今週の **心の調律**

## インド哲学の教え「ヤマ・ニヤマ」の実践

古代インド哲学と実践に基づくヨーガの中でも、体と心の平和と調和を追求するためのツール「ヤマ・ニヤマ」を実践してみましょう。

「ヤマ」は、してはならないことを意味し、①他を傷つけず無駄な殺生をしない、②嘘をつかない、③盗まずに人のものを欲しがらない、④不摂生をしない、⑤必要以上のものを所有しない、の5つ。

「ニヤマ」は、積極的に行うべきことで、①心身の清浄を保つ、②満足を知る、③あらゆる環境で心を乱さない、④心を高める書物を読む、⑤真理の導きに従う、の5つとされています。

**「ヤマ・ニヤマ」を日常生活の中で意識することで、自然とあなたの願望が叶っていくようになります。**

今週の **体の調律**

## いつでも大きな歩幅で歩く

この1週間は、どこへ行くにも大股で歩くことを心がけましょう。

大股歩きは、運動が苦手だったり時間がなかったりする人でも、日常の中で簡単に実践できるのでぜひチャレンジしてください。

背筋を伸ばし、足を前方に大きく踏みだし、より長い歩幅を意識します。なるべく速く、力強く歩くことによって、脚や骨盤、股関節の筋肉を効果的に使うことができます。

そして、今週は体の排出をうながす力が強くなる週です。そのため**エネルギー消費がアップする大股歩きをすることで、効率よく脂肪を燃焼でき、ダイエット効果も期待できます。**

いて座

旧暦11月 ― 4週目

下弦の月 〜 新月

# 本の中で印象に残った言葉を自分の人生にいかす

下弦の月を過ぎて新月に向かうこの時期は、ゆるすことや手放すことができるタイミングで、心は穏やかになり静寂に包まれます。この時間を使って、自分がどんな生き方をしていきたいか、どんなあり方で生きていきたいかを考える最後の総仕上げをしていきましょう。

これまで読んできた本の中で、響いた言葉や印象に残っている言葉はありましたか。少し思いだしてみましょう。それは、スーッと自分に入ってきて、体が温かくなり、胸の奥に小さな炎が灯るような言葉だったはずです。その言葉から、あなた自分の未来の姿が想像できたら、あなたの生き方やあり方につなげてください。

今週まで視野を広げながら、もうひとりの自分の視点に立って、「自分とは何か」について考えてきました。自分の内側から発せられる声は聞こえてきましたか。心が静かでないと、その声は聞こえてきません。**心が静寂に包まれやすい今週の時間を使って、内なる自分の声を拾ってみてください。**

また、下弦の月から新月までは、排出がスムーズに進みます。今週は、肝臓の仕事のひとつである解毒をサポートする生芋こんにゃく湿布を使って、不要なものを排出していきましょう。

これだけはやってみて

## みかんの皮のお風呂

昔から冬至に柚子湯に入ると風邪をひかないと言われます。柚子湯にならって、この時期に旬を迎える温州みかんのお風呂はいかがでしょうか。

みかんの皮は、乾燥させてからお風呂に浮かべます。乾燥させたみかんの皮は、「陳《ちん》皮《ぴ》」といい、漢方薬として使われるほど心身にいい影響を与えます。

今週の**心の調律**

## 「今ここ」をていねいに生活する

今週は、こだわりを手放して脱力していくことを心がけていきます。こだわりを手放すには、「今ここ」をていねいに生きることが必要です。

未来を追いかけずに、今この瞬間を大切に過ごしていくためには、過去を憂いたり、とらわれることなく、自分をゆるして相手もゆるしていくことが重要です。ゆるせないと心身が緊張し、ゆるむことができません。

そのためには、**居心地がよく、エネルギーがもらえる場所に出かけることがおすすめです**。その場所で静かに全身の感覚を研ぎ澄ませて、風や匂いや音などを感じてみましょう。そして太陽の光が頭頂から降り注いで体を包み込み、自分の体が黄金色に輝くイメージをしてみましょう。

今週の**体の調律**

## 「生芋こんにゃく湿布」で解毒

今週は、肝臓の仕事のひとつである解毒を支えていきます。自然の温熱療法の生芋こんにゃく湿布でケアをしていきましょう。

**原材料がこんにゃく粉のものではなく、こんにゃく芋を使っている「生芋こんにゃく」を用意します**。生芋こんにゃくを水から鍋に入れて沸騰させ、約10分ゆでてとりだします。粗熱がとれたらタオルに包み、下腹部の肝臓のある位置に当て20分以上温めます。できれば、空腹時に行い、お風呂の前は避けましょう。使用後の生芋こんにゃくは、食べずに水の入った容器に入れ、冷蔵庫で保管して縮むまで使います。肝臓の排毒が進むと眠くなり、下痢をすることもあるので注意してください。

探求して視野を広げる1か月

# 旧暦11月の過ごし方のまとめ

旧暦11月の1か月は、いかがでしたか？

いて座の「探求して視野を広げたい」という欲求が満たされると、「真理によって、人を導くことができる」ようになっていきます。

いて座は、自分の意見を尊重してもらい、まわりの人の考えを導きたいと願っています。そして、いて座が影響を与える「肝臓」も、体内の導き手として、栄養素と毒素を慎重に調整し、あなたを健康へ導いていきます。

1か月間、心と体の調律を進めてきましたが、皆さんの中で、めぐり始めたものはありましたか？

探求して視野を広げることができたあなたは、幸せをめぐらせるための12分の1を満たすことができたはずです。

**● 今月の心の調律ポイント**

正しい行動は何か考える

**● 毎週の心の調律**

1週目　生き方を考えられるいい本を読む
2週目　よきライバルを大切にする
3週目　インド哲学の教え「ヤマ・ニヤマ」の実践
4週目　「今ここ」をていねいに生活する

**● 今月の体の調律ポイント**

肝臓の消化の仕事を減らす

**● 毎週の体の調律**

1週目　クエン酸と重曹で肝臓の疲労対策
2週目　かぼちゃと小豆で「いとこ煮」をつくる
3週目　いつでも大きな歩幅で歩く
4週目　「生芋こんにゃく湿布」で解毒

やぎ座新月

# 旧暦 12月

## 仕組みを形にして認められる1か月

旧暦12月1日は、「新月」がやぎ座で起こります。
そのため、
やぎ座のエネルギーが
地球に降り注ぎ、
私たちの心身に与える影響が
強くなる1か月です。

旧暦12月

# 晩冬

月が
やぎ座
に位置する
季節

今月の傾向

## 一歩一歩確実に自己実現に向かう

今月は、旧暦において1年を締めくくる最後の月となります。季節は「晩冬」で1年の中で一番寒く、心も体もこわばりやすくなり、最もゆるみにくい季節です。

12月は、師と呼ばれる立派な人でも、走り回ってしまうぐらい忙しい月ということから「師走《しわす》」と名付けられています。また、寒さが極まることから、別名「極月《ごくつき》」とも呼ばれます。

今月は、大そうじをしながら心身を整えて、新しい年を迎える準備をしていきましょう。

そして旧暦12月は、新月がやぎ座で起こります。そこから1か月がスタートすることから、「仕組みを形にして認められたい」というやぎ座の欲求を満たしていきます。

具体的には、大人としての自分の役割を意識しながら、登山をするように一歩一歩着実に自己実現を進めていく1か月にすることを目標にしてください。自分が登る山を決め、山頂を目指して登っていきましょう。

やぎ座は、頂点を極めるまで努力をおしまない星座です。組織をつくるためにいつも忙しく動き回り、目的を達成するためにがんばります。そして、どんなに大変な状況でも最後まで諦めない芯の強さを持っています。

ただ、一生懸命にがんばりすぎると心も体もかたくなりますので、**自己実現を目指すと同時に力を抜くレッスンも進めていきます。**

今月の過ごし方

# どんなに小さなことでも目標を立てて動く

やぎ座は、現実的な「地」に分類され「活動」の性質を持つ星座です（53ページ参照）。活発に動きまわりながら、形にしていこうとする傾向があります。人から認知されるために、「成果が必要だ」と結果にこだわり、認められるまで努力してがんばります。

成果をだして認知されるには、目標を設定して具体的に動いていかなくてはいけません。今月はどんなに小さくてもいいので「一生懸命さが素敵だね」と、まわりから言ってもらえるように目標を立てて動いてみましょう。

そして**成果をだすためには、自分だけがよければいいのではなく、まわりの人や社会まで考えて動いていく必要があります。**子どものような感情や感覚は抑えなくてはいけないため、「つらい」と感じやすく「緊張感」も高まりやすくなります。この時期は、ゆるんでありのままの自分でいることが最も難しいからこそ、ゆるむことを意識するのがとても大切になります。

成果をだしたあとは、築きあげたものを失う「恐れ」もでてきます。成果を握りしめずに、手放すレッスンをすることもありのままの自分でいるためには必要です。

今月の **心の調律**

## 誰かに助けを求めて、ひとりでがんばらない

目標や計画を形にするとき、くじけそうになることもあるでしょう。その際は、組織やチームがあなたを支えてくれます。ひとりでがんばらずに、できる人に助けてもらったり、出番を待っている人に役割を与えたりしましょう。あなたの一生懸命な姿を見て、手を差し伸べてくれる人もいるはずです。**助けを求めることを怖がらないでください。**

心の調律ポイント **ナチュラルなしぐさを心がける**

スマートで素敵な立ち振る舞いや、ナチュラルで美しいしぐさをする人の真似をしてみましょう。大人としての姿勢が整っていきます。また、ゆっくりていねいな動作になると、自然とゆるんでいくはずです。

今月の **体の調律**

## 10年後の自分のために骨のケア

**やぎ座が影響を与える体の部位は、「骨」「ひざ」「歯」「皮膚」となります。**歯や骨は硬い組織で、しっかりとした形があります。形にこだわるやぎ座の特徴をよくあらわしています。

体を支える骨が完全に再生されるまでには、7〜10年かかります。骨は、あせらずにコツコツと育てていくことで、未来の体への投資になります。

体の調律ポイント **人間関係トラブルを防ぐスキンケア**

皮膚は、外の世界と自分をわけるものです。皮膚トラブルは、人との関わりへの抵抗を意味する可能性を持ちます。スキンケアすることで人間関係の改善も期待できるので、毎日きちんとお手入れしましょう。

# チェックリスト

心と体がゆるみ、幸せがめぐるためのチェックリストです。今月の「仕組みを形にして認められたい」という欲求が、今のあなたはどのぐらい満たされているでしょうか。当てはまるものの数を確認してみましょう。

- □ 約束は守るほうだ。
- □ 目標を立てて達成することが楽しい。
- □ 感情を手放し、大人の振る舞いができる。
- □ 問題解決能力があるほうだ。
- □ 組織の中でリーダー的な役割をすることが多い。
- □ 自分の人生に責任を持ち、人生を切り開いている。
- □ 虫歯はほとんどない。
- □ スキンケアを怠らない。

| | |
|---|---|
| 0～2個 | 今月の過ごし方にしっかり取り組んで、<br>欲求を満たし、心と体をゆるませていきましょう。 |
| 3～5個 | 今月の過ごし方に取り組むことで、さらに<br>欲求が満たされ、心と体がゆるんでいきそうです。 |
| 6～8個 | 今月の欲求が満たされていそう。<br>すでに心と体がゆるんでいますね。 |

やぎ座

旧暦12月—1週目

新月〜上弦の月

# 「何のために」行うのか自分の思いを見つける

今週は、新たな取り組みを始めていきましょう。目標を立て、それを達成するために具体的な計画を立てます。途中で計画の修正や変更が必要になったり、失敗して立場が危うくなったりするかもしれません。また、プレッシャーがかかれば緊張は強くなります。それでもあきらめずに、続ける忍耐力が試されます。

そこで今週は、成果や成功を追い求める前に「何のために実行するのか」を見つけていきましょう。それがなければ、途中であきらめやすくなります。

目標に向かって物事を継続していくには、「何のために」という思いが大切です。

過去から今に至るまで、人生を貫いている思いを見つけましょう。**その思いは、志や使命とも呼ばれるものです。**自分の思いに基づいた目標であれば、困難を乗り越えることができ、充実感も大きいはずです。たとえば、体が弱い人は「健康になるために」体と向きあい続けているでしょう。心がぶれやすい人は「心を整えるために」自分自身の感情と向きあい続けてきたはずです。

このように、過去の経験を振り返ると一本の道ができています。過去から今までを振り返り、思いを見極めていきましょう。

これだけはやってみて

**旬の柑橘類でビタミンCを補給**

今が旬の柑橘類からは、ビタミンCを摂取することができるので、積極的に食べておきましょう。

ビタミンCは、骨の構造を支えるコラーゲンの生成を助け、骨の強度と柔軟性を保つのに役立ちます。また、抗酸化作用もあり、骨細胞を保護しつつ、健康で美しい肌を保つ役割もあります。

今週の 心の調律

## 未来のイメージを目標にする

今月始める新たな取り組みを「何のために実行するか」が見えてきたら、その先の未来の世界をイメージしてみましょう。

たとえば「健康になるために新しい取り組みをする」場合は、健康な人が増えたら、どんな未来になるかをイメージします。そのイメージが「みんなが生き生きと健康で暮らしている」ならば、その世界が叶ったときに得られる感覚を目標にしてください。**具体的な計画よりもイメージや感覚が大事です。**

「みんなが生き生きと健康で暮らしている未来をつくるために、体のメンテナンスをお手伝いしたい。そのためにセラピストになる」というように、一本の道がつながっていくはずです。

今週の 体の調律

## にがり生活のすすめ

今週は、にがりをとり入れてみましょう。**にがりは海水が原料で、塩をつくる過程で残る液体です。おもにマグネシウムやカルシウム、カリウムなどのミネラルが豊富です。**豆腐の凝固剤に使用されることが多く、健康食品としても利用されています。

にがりに含まれるカルシウムは、骨や歯の硬さと強度を保つために不可欠な栄養素です。また、骨の発育と強化に重要な役割を果たしてくれます。

使い方は、にがりを水に数滴入れて飲用したり、歯ブラシに直接つけて歯磨きしたりするのがおすすめです。にがりを使用した市販の歯磨き液を使うのもいいですね。歯を磨いたあと、いつもより長くツルツルした感触が続くのを実感できるはずです。

やぎ座

旧暦12月—2週目

上弦の月 満月

# 今できることに最善を尽くす1週間

今週はパワフルに動いていくことに向いています。もし、今見えている目標や役割が違っていたとしても「今はこれ」と思える目標に向かい、今の自分にできることで最善を尽くしていきましょう。**何度でもやり直しはきくので、失敗を恐れず、いま目の前にある目標を大切に行動します。**

失敗したことを責められた経験のある人は、無自覚に「恐れ」を抱えているかもしれません。しかし、その恐れは超えるために存在しています。過去から現在につながる一本の道を未来につなげるには、過去の痛みを乗り越える必要があるのです。

現代では、がんばることや我慢することが美徳とされてきました。しかしその結果、心も体も緊張してかたくなり、ゆるめられない人が多くなっています。そこで、がんばるのではなく「最善を尽くす」ことを心がけましょう。自分の身を削ったり、必要以上に力んだりすることなく、与えられた状況の中で精一杯行うことを目指します。

また、体は満月に向かって吸収力が増し、栄養をとり込む力が強くなります。今が旬の「寒ぶり」で骨を強化させる栄養素をいただきましょう。

これだけはやってみて

## 顔と髪と皮膚の保湿ケア

満月に向かうこの時期は、顔、皮膚、髪などの栄養補給に向いています。パックや保湿剤は、ぐんぐん吸い込み、いつも以上に潤うでしょう。

冬は空気が乾燥しているうえに、暖房を使うので全身がパサつきがちですよね。今週は、保湿パックなどを活用して、しっかりと潤いを与えてください。

今週の **心の調律**

## やるべきことに割く時間を決める

小さい頃に自分のがんばりが認められなかった人や、親の期待に応えようとしてきた人は、大人になってもがんばりすぎる傾向があり、できない自分を責めてしまいがちです。その結果、心と体はどんどん緊張して硬くなっていき、最終的には悲鳴をあげてしまいます。

今週はがんばらずに、今の自分のベストを尽くすことを心がけます。目の前のやるべきことを、時間をきちんと決めて進めていきましょう。

**できなかったとしても、今が最善でベストな状態なのです。**結果が得られるタイミングではなかっただけと捉えます。たとえ評価されなくても、ベストを尽くした姿を誰かが必ず見ていてくれます。

今週の **体の調律**

## 旬の寒ブリでおいしくビタミンD補給

寒さが厳しい時期に旬を迎える寒ぶりは、身がしまり脂がのっておいしいだけでなく、栄養価も高くなっています。寒ブリをはじめとした脂肪が多い魚には、ビタミンDが多く含まれます。

ビタミンDはカルシウムの体内への吸収を促進し、骨の形成や修復に重要な役割を果たします。ビタミンD不足が長期間続くと、骨粗鬆症などの問題が引き起こされる可能性が高くなります。**ビタミンDは、日光によって体内で生成される栄養素なので、今週は適度な日光浴も心がけてください。**

さらに、ブリに含まれる脂肪酸は、歯周病の原因菌を減少させる効果もあるので、ぜひ食べておきましょう。

旧暦12月—3週目

満月～下弦の月

# がんばらずに力を発揮するレッスン

満月を過ぎると、次第に張り詰めていた緊張がほぐれて解放されていきます。がんばりすぎてしまう今月は、脱力することをいつも以上に意識しましょう。今週は力を抜きながらも、自分の能力を発揮するためのレッスンをしていきます。

仕事は努力してがんばらないといけないと思い込んでいませんか。

がんばらなければ認められなかった人は、がんばるクセがついてしまい、努力しなければ達成できないと思っているかもしれません。しかし、それを続けていくと勝ち負けの競争原理に巻き込まれ、疲れ果ててしまいます。「気を抜かず、力を抜く」ことが大切です。

**仕事など義務になっていることほど、できる限り力を抜いた状態で実行できないかと発想転換をしてみましょう。**ていねいを心がけて力を抜き、ゆっくりと行うことがおすすめです。

夢中になって遊んでいた子どもの頃を思いだしてみてください。無駄な力が一切入っていないはずです。このときの感覚を仕事にもいかしましょう。

また満月以降のこの時期の体は、自然とゆるんでいきます。所作を大切にして、リラックスしながら姿勢を整えるようにしてください。

これだけはやってみて

**パソコンはゆっくりていねいに使う**

パソコンやスマホを使う際は、ゆっくりとていねいを心がけてください。できるだけ力を入れずに、リラックスしながら作業できないかを考えます。

画面を見るときの姿勢や手の置き方、文字入力するときの動作など、美しいしぐさで行うように意識してみましょう。

今週の **心の調律**

## 苦手なことは、得意な人にまかせる

今週は、誰かと成果をわかちあったり、人に任せたりすることをさらに進めていきましょう。

子どもの頃に遊ぶことや好きなことを制限された経験から、今も自分自身を抑えつけていませんか。その傾向のある人は、自分の心と体を痛めつけてがんばるクセがあり、自分にも人にも厳しく接してしまいます。

このタイミングで、「がんばらない」と決めて行動してみましょう。その第一歩として、自分の苦手なことは、得意とする人にお願いしてみてください。ひとりで抱え込まずに、誰かにお願いしてみます。**誰かと何かを成し遂げたときの喜びは、ひとりで達成する以上の喜びが得られるはずです。**

今週の **体の調律**

## 姿勢を整えて、体の力を抜く

がんばらなくてもラクに物事を行うベースをつくるために、今週は姿勢を整えていきます。**正しい姿勢は、体の力が抜けてラクなはずですが、力みを感じる場合は、体のどこかにゆがみがあるからです。**

姿勢を正すための最初の一歩として、スマホを見ながら歩かないことから初めてみてください。

正しい姿勢のポイントは、骨盤の傾きがニュートラルな位置にあることです。まず、腕を横から上にあげて、頭の上で手を合わせてみましょう。その状態は、骨盤がニュートラルな位置に入っています。そして、自然と肩甲骨や頭も正しい位置に戻ります。そのままの姿勢で歩くことを意識しましょう。

やぎ座

旧暦 12月 4週目

下弦の月〜新月

# 1年の最後は、自分をゆるめてゆるす

旧暦では、1年の最後の週です。次の新しい1年に向けて、総仕上げをしていきましょう。自分自身を癒やすために、ゆるむことを完全にマスターします。月が欠けて見えなくなっていく今週は、結果にこだわらず、成果にとらわれないことを学んでいきます。

先週から引き続き、もうそんなにがんばらなくてもいいと自分をゆるしてあげましょう。がんばることを放棄し解放されたとき、ありのままの私にくつろぐことができます。それがなかなかできないのは、深いところで自分をゆるせていないから。自分をゆるせないとまわりの人もゆるすことができず、人間関係に不調和がでてしまいます。

あなたが結果を手放せないのは、自信のなさからかもしれません。肩書きにこだわるのは、完璧を求めてしまうからではありませんか。地位や名誉にしがみついてしまうのは、劣等感からくる不安があるからかもしれません。

形あるものは必ずなくなります。始まりがあれば、終わりがきます。結果を追い求めなくていい、**もう無理をしなくて大丈夫だと本当に思えたとき、自然にまわりからも認められるようになっていきます。**

## これだけはやってみて

### 「葉牡丹」で新年の準備

約1週間後に、旧正月を迎えます。そこで「葉牡丹」を飾ってみるのはいかがでしょうか。

葉牡丹は、古来のキャベツやケールが観賞用として栽培され、品種改良されたものです。現代では、門松の根元に寄せ植えされ、「吉事が重なる」として縁起のいい植物として知られています。

今週の **心の調律**

## 目的を手放し、計画を忘れる練習を

ゆるみきるために心と想念のおそうじをします。そのために、一見無駄と思うことに時間を使いましょう。目的を手放し計画を忘れ、今やりたいと思ったことに従い、心のままに実行します。**スケジュールに追われていては、心に余白が生まれません。**

たとえば、やるべきことがあるのに急に片づけがしたくなったら、そのまま片づけをします。「これでいいのだろうか」という考えがでてきたら、頭のてっぺんからスーっとその考えを外にだして捨ててください。「ネガティブなこと考えているな」と、ただ気づいていきましょう。これは自分の想念や反応に気づいている状態で、瞑想をしているときとほぼ同じ状況をつくりだしています。

今週の **体の調律**

## お風呂で体がゆるんだ感覚を記憶する

今週は、体をゆるめるために、**お風呂に入ったときの「気持ちいいな」という感覚を日常に持ち込む練習をします。**お風呂に入り「あー」と声をだしたくなるときは、まさに力が抜けてゆるんだ状態です。その瞬間を自分にしっかりと覚えさせます。緊張や疲れを感じたら、その感覚をいつでも思いだし、常に体をゆるめられるようにしましょう。

また、副交感神経を活性化させてリラックス効果を深めるために、お風呂は38～40度のぬるめのお湯に20分程度つかることがおすすめです。

入浴しながら頭部をマッサージすると、日中に頭へ上がった「気」が下がっていき、さらにゆるむことができますよ。

仕組みを形にして認められる1か月

# 旧暦12月の過ごし方のまとめ

旧暦12月の1か月は、いかがでしたか？

やぎ座の「仕組みを形にして認められたい」という欲求が満たされると、「計画を実行して、目標を達成できる」ようになっていきます。

やぎ座は、管理能力をいかして、社会的に成功したいと願っています。そして、やぎ座が影響を与える「骨」も体内の管理者として、体の構造と姿勢をしっかりと支え、全体のバランスを保つ役割を果たしています。仕組みを形にして認められたあなたは、幸せをめぐらせるための12分の1を満たすことができたはずです。

今月で1年が終わります。少しずつの変化かもしれませんが、あなたは確実に変わっています。1年の終わりに、自分の変化を振り返りましょう。

**今月の心の調律ポイント**

ナチュラルなしぐさを心がける

**毎週の心の調律**

1週目　未来のイメージを目標にする
2週目　やるべきことに割く時間を決める
3週目　苦手なことは、得意な人にまかせる
4週目　目的を手放し、計画を忘れる練習を

**今月の体の調律ポイント**

人間関係トラブルを防ぐスキンケア

**毎週の体の調律**

1週目　にがり生活のすすめ
2週目　旬の寒ブリでおいしくビタミンD補給
3週目　姿勢を整えて、体の力を抜く
4週目　お風呂で体がゆるんだ感覚を記憶する

# 10年 旧暦カレンダー

# 旧暦カレンダーについて

## 「閏月」とは？

旧暦は「太陰太陽暦」とも呼ばれ、月と太陽の両方の動きをもとにしたカレンダーでした。**「月の満ち欠け（太陰暦）」をもとに1か月を決め、「太陽の動き（太陽暦）」で1年を決めます。**

そして、3年に1回ほど、「閏月《うるうづき》」という余分な月を入れて季節とカレンダーがずれないように調整されていました。たとえば、ある年には、6月が2回続くことがあります。

同じ月が2か月続く「閏月」があるのは、太陽の動きをもとにした「太陽暦」と、月の動きをもとにした「太陰暦」のズレを調整するためです。

旧暦は「月の満ち欠け」を基準にしているため、1年が約354日（12か月×約29・5日）になります。しかし、太陽暦の1年は約365日なので、約10日の差が毎年生じます。

この差を調整するために、旧暦では約2～3年に一度「閏月」を挿入し、同じ月を2回繰り返します。これにより、「太陰暦」と「太陽暦」のズレを修正しながら、季節の変化とカレンダーを一致させています。

具体的には、19年間に7回閏月が挿入され、カレンダーと季節がちゃんと合うようになっているのです。

## 「閏月」と「新月から始まる星座」の関係

旧暦は月の満ち欠けを基準にしていて、1か月は「新月」から始まります。

新月は、太陽と月が同じ星座で重なるタイミングなので、その星座のエネルギーが心と体に強く影響を与えることから、本書の月めぐりメソッドでは、新月が起こる星座を重要視しています。

閏月では、同じ月が2か月続くので、新月が始まる星座も2回続くことになります。

しかし、月の軌道は楕円形で完全に一定ではなく、動きがとても複雑で変化にとんでいます。

円周率（約3・14）や、美しさの黄金比（約1・61）などは、数字で割り切れないことが重要な役割を果たしているように、月の軌道も数字で割り切れず、その周期は不規則で不確かなものです。

そのため、**同じ月が2回続く「閏月」がある月は、「旧暦の月」と「新月の星座」が不規則になってしまいます。**

たとえば、旧暦6月「水無月」が2回続くとき、「水無月」は通常「かに座新月」から始まりますが、1回目が「かに座新月」で、2回目が「しし座の新月」などのように、イレギュラーになります。本書を活用する際には、「新月」が起こる星座のほうに合わせて進めていきます。

さらに2033年は、1844年に制定されて以来、閏月を決めるルールにあてはまらない不規則さになります。通常「水がめ座新月」から1年は始まりますが、「うお座新月」からスタートする異例の1年になります。

このように、旧暦には多様なゆらぎがありますが、このゆらぎがあるからこそ、より自然な月のリズムを感じることができ、心はリラックスすることができます。

海の波も不規則にゆらいでいるからこそ、心と体に癒やしをもたらしてくれますよね。感情も一定ではなく不確かですが、感情の浮き沈みを受け入れることで、心は落ち着いていきます。

時間に追われて忙しい現代だからこそ、この不規則な「旧暦カレンダー」をとり入れる生活を続け、ゆらぎのある時間を過ごしていきたいものです。

# 旧暦カレンダー

2024年

| 旧暦月 | 和風月名 | 新月の星座 | 現在の暦 | 第1週（新月～上弦） | 第2週（上弦～満月） | 第3週（満月～下弦） | 第4週（下弦～新月） |
|---|---|---|---|---|---|---|---|
| 1 | 睦月 | 水がめ | 2/10～3/9 | 2/10～ | 2/17～ | 2/24～ | 3/4～ |
| 2 | 如月 | うお | 3/10～4/8 | 3/10～ | 3/17～ | 3/25～ | 4/2～ |
| 3 | 弥生 | おひつじ | 4/9～5/7 | 4/9～ | 4/16～ | 4/24～ | 5/1～ |
| 4 | 卯月 | おうし | 5/8～6/5 | 5/8～ | 5/15～ | 5/23～ | 5/31～ |
| 5 | 皐月 | ふたご | 6/6～7/5 | 6/6～ | 6/14～ | 6/22～ | 6/29～ |
| 6 | 水無月 | かに | 7/6～ 8/3 | 7/6～ | 7/14～ | 7/21～ | 7/28～ |
| 7 | 文月 | しし | 8/4～9/2 | 8/4～ | 8/13～ | 8/20～ | 8/26～ |
| 8 | 葉月 | おとめ | 9/3～10/2 | 9/3～ | 9/11～ | 9/18～ | 9/25～ |
| 9 | 長月 | 天びん | 10/3～10/31 | 10/3～ | 10/11～ | 10/17～ | 10/24～ |
| 10 | 神無月 | さそり | 11/1～11/30 | 11/1～ | 11/9～ | 11/16～ | 11/23～ |
| 11 | 霜月 | いて | 12/1～12/30 | 12/1～ | 12/9～ | 12/15～ | 12/23～ |
| 12 | 師走 | やぎ | 12/31～1/28 | 12/31～ | 2025・1/7～ | 1/14～ | 1/22～ |

2025年

旧暦6月（水無月）が2回続き「おとめ座新月」が2回続く【おとめ座を強化する年】です。

| 旧暦月 | 和風月名 | 新月の星座 | 現在の暦 | 第1週（新月～上弦） | 第2週（上弦～満月） | 第3週（満月～下弦） | 第4週（下弦～新月） |
|---|---|---|---|---|---|---|---|
| 1 | 睦月 | 水がめ | 1/29～2/27 | 1/29～ | 2/5～ | 2/12～ | 2/21～ |
| 2 | 如月 | うお | 2/28～3/28 | 2/28～ | 3/7～ | 3/14～ | 3/22～ |
| 3 | 弥生 | おひつじ | 3/29～4/27 | 3/29～ | 4/5～ | 4/13～ | 4/21～ |
| 4 | 卯月 | おうし | 4/28～5/26 | 4/28～ | 5/4～ | 5/13～ | 5/20～ |
| 5 | 皐月 | ふたご | 5/27～6/24 | 5/27～ | 6/3～ | 6/11～ | 6/19～ |
| ★6 | 水無月 | かに | 6/25～7/24 | 6/25～ | 7/3～ | 7/11～ | 7/18～ |
| ★6 | 水無月 | しし | 7/25～8/22 | 7/25～ | 8/1～ | 8/9～ | 8/16～ |
| 7 | 文月 | おとめ | 8/23～9/21 | 8/23～ | 8/31～ | 9/8～ | 9/14～ |
| 8 | 葉月 | おとめ | 9/22～10/20 | 9/22～ | 9/30～ | 10/7～ | 10/14～ |
| 9 | 長月 | 天びん | 10/21～11/19 | 10/21～ | 10/30～ | 11/5～ | 11/12～ |
| 10 | 神無月 | さそり | 11/20～12/19 | 11/20～ | 11/28～ | 12/5～ | 12/12～ |
| 11 | 霜月 | いて | 12/20～1/18 | 12/20～ | 12/28～ | 2026・1/3～ | 1/11～ |
| 12 | 師走 | やぎ | 1/19～2/16 | 1/19～ | 1/26～ | 2/2～ | 2/9～ |

同じ月が2回続く「閏月」がある年は
「旧暦の月」と「新月の星座」がイレギュラーになります。
星座に合わせて調律していきましょう

## 2026年

| 旧暦月 | 和風月名 | 新月の星座 | 現在の暦 | 第1週（新月～上弦） | 第2週（上弦～満月） | 第3週（満月～下弦） | 第4週（下弦～新月） |
|---|---|---|---|---|---|---|---|
| 1 | 睦月 | 水がめ | 2/17～3/18 | 2/17～ | 2/24～ | 3/3～ | 3/11～ |
| 2 | 如月 | うお | 3/19～4/16 | 3/19～ | 3/26～ | 4/2～ | 4/10～ |
| 3 | 弥生 | おひつじ | 4/17～5/16 | 4/17～ | 4/24～ | 5/2～ | 5/10～ |
| 4 | 卯月 | おうし | 5/17～6/14 | 5/17～ | 5/23～ | 5/31～ | 6/8～ |
| 5 | 皐月 | ふたご | 6/15～7/13 | 6/15～ | 6/22～ | 6/30～ | 7/8～ |
| 6 | 水無月 | かに | 7/14～8/12 | 7/14～ | 7/21～ | 7/29～ | 8/6～ |
| 7 | 文月 | しし | 8/13～9/10 | 8/13～ | 8/20～ | 8/28～ | 9/5～ |
| 8 | 葉月 | おとめ | 9/11～10/10 | 9/11～ | 9/19～ | 9/27～ | 10/3～ |
| 9 | 長月 | 天びん | 10/11～11/8 | 10/11～ | 10/19～ | 10/26～ | 11/2～ |
| 10 | 神無月 | さそり | 11/9～12/8 | 11/9～ | 11/17～ | 11/24～ | 12/1～ |
| 11 | 霜月 | いて | 12/9～1/7 | 12/9～ | 12/17～ | 12/24～ | 12/31～ |
| 12 | 師走 | やぎ | 1/8～2/6 | 2027・1/8～ | 1/16～ | 1/22～ | 1/29～ |

## 2027年

| 旧暦月 | 和風月名 | 新月の星座 | 現在の暦 | 第1週（新月～上弦） | 第2週（上弦～満月） | 第3週（満月～下弦） | 第4週（下弦～新月） |
|---|---|---|---|---|---|---|---|
| 1 | 睦月 | 水がめ | 2/7～3/7 | 2/7～ | 2/14～ | 2/21～ | 2/28～ |
| 2 | 如月 | うお | 3/8～4/6 | 3/8～ | 3/16～ | 3/22～ | 3/30～ |
| 3 | 弥生 | おひつじ | 4/7～5/5 | 4/7～ | 4/14～ | 4/21～ | 4/29～ |
| 4 | 卯月 | おうし | 5/6～6/4 | 5/6～ | 5/13～ | 5/20～ | 5/28～ |
| 5 | 皐月 | ふたご | 6/5～7/3 | 6/5～ | 6/11～ | 6/19～ | 6/27～ |
| 6 | 水無月 | かに | 7/4～8/1 | 7/4～ | 7/11～ | 7/19～ | 7/27～ |
| 7 | 文月 | しし | 8/2～8/31 | 8/2～ | 8/9～ | 8/17～ | 8/25～ |
| 8 | 葉月 | おとめ | 9/1～9/29 | 9/1～ | 9/8～ | 9/16～ | 9/23～ |
| 9 | 長月 | 天びん | 9/30～10/28 | 9/30～ | 10/7～ | 10/15～ | 10/23～ |
| 10 | 神無月 | さそり | 10/29～11/27 | 10/29～ | 11/6～ | 11/14～ | 11/21～ |
| 11 | 霜月 | いて | 11/28～12/27 | 11/28～ | 12/6～ | 12/14～ | 12/20～ |
| 12 | 師走 | やぎ | 12/28～1/26 | 12/28～ | 2028・1/5～ | 1/12～ | 1/19～ |

# 旧暦カレンダー

**2028年**

旧暦５月（皐月）が２回続き「かに座新月」が２回続く
【かに座を強化する年】です。

| 旧暦月 | 和風月名 | 新月の星座 | 現在の暦 | 第１週（新月～上弦） | 第２週（上弦～満月） | 第３週（満月～下弦） | 第４週（下弦～新月） |
|---|---|---|---|---|---|---|---|
| 1 | 睦月 | 水がめ | 1/27～2/24 | 1/27～ | 2/4～ | 2/11～ | 2/17～ |
| 2 | 如月 | うお | 2/25～3/25 | 2/25～ | 3/4～ | 3/11～ | 3/18～ |
| 3 | 弥生 | おひつじ | 3/26～4/24 | 3/26～ | 4/3～ | 4/9～ | 4/17～ |
| 4 | 卯月 | おうし | 4/25～5/23 | 4/25～ | 5/2～ | 5/9～ | 5/16～ |
| ★ 5 | 皐月 | ふたご | 5/24～6/22 | 5/24～ | 5/31～ | 6/7～ | 6/15～ |
| ★ 5 | 皐月 | かに | 6/23～7/21 | 6/23～ | 6/29～ | 7/7～ | 7/15～ |
| 6 | 水無月 | かに | 7/22～8/19 | 7/22～ | 7/29～ | 8/5～ | 8/13～ |
| 7 | 文月 | しし | 8/20～9/18 | 8/20～ | 8/27～ | 9/4～ | 9/12～ |
| 8 | 葉月 | おとめ | 9/19～10/17 | 9/19～ | 9/25～ | 10/4～ | 10/11～ |
| 9 | 長月 | 天びん | 10/18～11/15 | 10/18～ | 10/25～ | 11/2～ | 11/10～ |
| 10 | 神無月 | さそり | 11/16～12/15 | 11/16～ | 11/24～ | 12/2～ | 12/9～ |
| 11 | 霜月 | いて | 12/16～1/14 | 12/16～ | 12/24～ | 2029・1/1～ | 1/7～ |
| 12 | 師走 | やぎ | 1/15～2/12 | 1/15～ | 1/23～ | 1/30～ | 2/6～ |

**2029年**

| 旧暦月 | 和風月名 | 新月の星座 | 現在の暦 | 第１週（新月～上弦） | 第２週（上弦～満月） | 第３週（満月～下弦） | 第４週（下弦～新月） |
|---|---|---|---|---|---|---|---|
| 1 | 睦月 | 水がめ | 2/13～3/14 | 2/13～ | 2/22～ | 3/1～ | 3/7～ |
| 2 | 如月 | うお | 3/15 ～4/13 | 3/15～ | 3/23～ | 3/30～ | 4/6～ |
| 3 | 弥生 | おひつじ | 4/14～5/12 | 4/14～ | 4/22～ | 4/28～ | 5/5～ |
| 4 | 卯月 | おうし | 5/13～6/11 | 5/13～ | 5/21～ | 5/28～ | 6/4～ |
| 5 | 皐月 | ふたご | 6/12～7/11 | 6/12～ | 6/19～ | 6/26～ | 7/4～ |
| 6 | 水無月 | かに | 7/12～8/9 | 7/12～ | 7/18～ | 7/25～ | 8/2～ |
| 7 | 文月 | しし | 8/10～9/7 | 8/10～ | 8/17～ | 8/24～ | 9/1～ |
| 8 | 葉月 | おとめ | 9/8～10/7 | 9/8～ | 9/15～ | 9/23～ | 10/1～ |
| 9 | 長月 | 天びん | 10/8～11/5 | 10/8～ | 10/14～ | 10/22～ | 10/30～ |
| 10 | 神無月 | さそり | 11/6～12/4 | 11/6～ | 11/13～ | 11/21～ | 11/29～ |
| 11 | 霜月 | いて | 12/5～1/3 | 12/5～ | 12/13～ | 12/21～ | 12/28～ |
| 12 | 師走 | やぎ | 1/4～2/2 | 2030・1/4～ | 1/11～ | 1/20～ | 1/27～ |

同じ月が2回続く「閏月」がある年は
「旧暦の月」と「新月の星座」がイレギュラーになります。
星座に合わせて調律していきましょう

## 2030年

| 旧暦月 | 和風月名 | 新月の星座 | 現在の暦 | 第1週（新月～上弦） | 第2週（上弦～満月） | 第3週（満月～下弦） | 第4週（下弦～新月） |
|---|---|---|---|---|---|---|---|
| 1 | 睦月 | 水がめ | 2/3～3/3 | 2/3～ | 2/10～ | 2/18～ | 2/25～ |
| 2 | 如月 | うお | 3/4～4/2 | 3/4～ | 3/12～ | 3/20～ | 3/26～ |
| 3 | 弥生 | おひつじ | 4/3～5/1 | 4/3～ | 4/11～ | 4/18～ | 4/25～ |
| 4 | 卯月 | おうし | 5/2～5/31 | 5/2～ | 5/11～ | 5/17～ | 5/24～ |
| 5 | 皐月 | ふたご | 6/1～6/30 | 6/1～ | 6/9～ | 6/16～ | 6/23～ |
| 6 | 水無月 | かに | 7/1～7/29 | 7/1～ | 7/8～ | 7/15～ | 7/22～ |
| 7 | 文月 | しし | 7/30～8/28 | 7/30～ | 8/7～ | 8/13～ | 8/21～ |
| 8 | 葉月 | おとめ | 8/29～9/26 | 8/29～ | 9/5～ | 9/12～ | 9/20～ |
| 9 | 長月 | 天びん | 9/27～10/26 | 9/27～ | 10/4～ | 10/11～ | 10/19～ |
| 10 | 神無月 | さそり | 10/27～11/24 | 10/27～ | 11/2～ | 11/10～ | 11/18～ |
| 11 | 霜月 | いて | 11/25～12/24 | 11/25～ | 12/2～ | 12/10～ | 12/18～ |
| 12 | 師走 | やぎ | 12/25～1/22 | 12/25～ | 12/31～ | 2031・1/9～ | 1/16～ |

## 2031年

旧暦3月（弥生）が2回続き「ふたご座新月」が2回続く
【ふたご座を強化する年】です。

| 旧暦月 | 和風月名 | 新月の星座 | 現在の暦 | 第1週（新月～上弦） | 第2週（上弦～満月） | 第3週（満月～下弦） | 第4週（下弦～新月） |
|---|---|---|---|---|---|---|---|
| 1 | 睦月 | 水がめ | 1/23～2/21 | 1/23～ | 1/30～ | 2/7～ | 2/15～ |
| 2 | 如月 | うお | 2/22～3/22 | 2/22～ | 3/1～ | 3/9～ | 3/16～ |
| ★ 3 | 弥生 | おひつじ | 3/23～4/21 | 3/23～ | 3/31～ | 4/8～ | 4/14～ |
| ★ 3 | 弥生 | おうし | 4/22～5/20 | 4/22～ | 4/30～ | 5/7～ | 5/14～ |
| 4 | 卯月 | ふたご | 5/21～6/19 | 5/21～ | 5/29～ | 6/5～ | 6/12～ |
| 5 | 皐月 | ふたご | 6/20～7/18 | 6/20～ | 6/28～ | 7/5～ | 7/11～ |
| 6 | 水無月 | かに | 7/19～8/17 | 7/19～ | 7/27～ | 8/3～ | 8/10～ |
| 7 | 文月 | しし | 8/18～9/16 | 8/18～ | 8/26～ | 9/1～ | 9/9～ |
| 8 | 葉月 | おとめ | 9/17～10/15 | 9/17～ | 9/24～ | 10/1～ | 10/8～ |
| 9 | 長月 | 天びん | 10/16～11/14 | 10/16～ | 10/23～ | 10/30～ | 11/7～ |
| 10 | 神無月 | さそり | 11/15～12/13 | 11/15～ | 11/21～ | 11/29～ | 12/7～ |
| 11 | 霜月 | いて | 12/14～1/12 | 12/14～ | 12/21～ | 12/29～ | 2032・1/6～ |
| 12 | 師走 | やぎ | 1/13～2/10 | 1/13～ | 1/19～ | 1/27～ | 2/4～ |

## 2032年

| 旧暦月 | 和風月名 | 新月の星座 | 現在の暦 | 第1週（新月～上弦） | 第2週（上弦～満月） | 第3週（満月～下弦） | 第4週（下弦～新月） |
|---|---|---|---|---|---|---|---|
| 1 | 睦月 | 水がめ | 2/11～3/11 | 2/11～ | 2/18～ | 2/26～ | 3/5～ |
| 2 | 如月 | うお | 3/12～4/9 | 3/12～ | 3/19～ | 3/26～ | 4/3～ |
| 3 | 弥生 | おひつじ | 4/10～5/8 | 4/10～ | 4/18～ | 4/26～ | 5/3～ |
| 4 | 卯月 | おうし | 5/9～6/7 | 5/9～ | 5/17～ | 5/25～ | 6/1～ |
| 5 | 皐月 | ふたご | 6/8～7/6 | 6/8～ | 6/16～ | 6/23～ | 6/30～ |
| 6 | 水無月 | かに | 7/7～8/5 | 7/7～ | 7/16～ | 7/23～ | 7/29～ |
| 7 | 文月 | しし | 8/6～9/4 | 8/6～ | 8/14～ | 8/21～ | 8/28～ |
| 8 | 葉月 | おとめ | 9/5～10/3 | 9/5～ | 9/13～ | 9/19～ | 9/26～ |
| 9 | 長月 | 天びん | 10/4～11/2 | 10/4～ | 10/12～ | 10/19～ | 10/26～ |
| 10 | 神無月 | さそり | 11/3～12/2 | 11/3～ | 11/10～ | 11/17～ | 11/25～ |
| 11 | 霜月 | いて | 12/3～12/31 | 12/3～ | 12/10～ | 12/17～ | 12/25～ |
| 12 | 師走 | やぎ | 1/1～1/30 | 2033・1/1～ | 1/8～ | 1/15～ | 1/24～ |

## 2033年

旧暦11月（霜月）が２回続き「水がめ座新月」が２回ある【水がめ座を強化する年】です。

| 旧暦月 | 和風月名 | 新月の星座 | 現在の暦 | 第1週（新月～上弦） | 第2週（上弦～満月） | 第3週（満月～下弦） | 第4週（下弦～新月） |
|---|---|---|---|---|---|---|---|
| 1 | 睦月 | 水がめ | 1/31～2/28 | 1/31～ | 2/6～ | 2/14～ | 2/22～ |
| 2 | 如月 | うお | 3/1～3/30 | 3/1～ | 3/8～ | 3/16～ | 3/24～ |
| 3 | 弥生 | おひつじ | 3/31～4/28 | 3/31～ | 4/7～ | 4/15～ | 4/22～ |
| 4 | 卯月 | おうし | 4/29～5/27 | 4/29～ | 5/6～ | 5/14～ | 5/22～ |
| 5 | 皐月 | ふたご | 5/28～6/26 | 5/28～ | 6/5～ | 6/13～ | 6/20～ |
| 6 | 水無月 | かに | 6/27～7/25 | 6/27～ | 7/5～ | 7/12～ | 7/19～ |
| 7 | 文月 | しし | 7/26～8/24 | 7/26～ | 8/3～ | 8/11～ | 8/17～ |
| 8 | 葉月 | おとめ | 8/25～9/22 | 8/25～ | 9/2～ | 9/9～ | 9/16～ |
| 9 | 長月 | 天びん | 9/23～10/22 | 9/23～ | 10/2～ | 10/8～ | 10/15～ |
| 10 | 神無月 | さそり | 10/23～11/21 | 10/23～ | 10/31～ | 11/7～ | 11/14～ |
| ★ 11 | 霜月 | いて | 11/22～12/21 | 11/22～ | 11/30～ | 12/6～ | 12/14～ |
| ★ 11 | 霜月 | やぎ | 12/22～1/19 | 12/22～ | 12/29～ | 2034・1/5～ | 1/12～ |
| 12 | 師走 | 水がめ | 1/20～2/18 | 1/20～ | 1/27～ | 2/3～ | 2/11～ |

同じ月が2回続く「閏月」がある年は
「旧暦の月」と「新月の星座」がイレギュラーになります。
星座に合わせて調律していきましょう

2034年

旧暦1月（睦月）が「うお座の新月」で始まる
【うお座を強化する年】です。

| 旧暦月 | 和風月名 | 新月の星座 | 現在の暦 | 第１週（新月～上弦） | 第２週（上弦～満月） | 第３週（満月～下弦） | 第４週（下弦～新月） |
|---|---|---|---|---|---|---|---|
| 1 | 睦月 | うお | 2/19～3/19 | 2/19～ | 2/26～ | 3/5～ | 3/13～ |
| 2 | 如月 | うお | 3/20～4/18 | 3/20～ | 3/27～ | 4/4～ | 4/12～ |
| 3 | 弥生 | おひつじ | 4/19～5/17 | 4/19～ | 4/25～ | 5/3～ | 5/11～ |
| 4 | 卯月 | おうし | 5/18～6/15 | 5/18～ | 5/25～ | 6/2～ | 6/10～ |
| 5 | 皐月 | ふたご | 6/16～7/15 | 6/16～ | 6/23～ | 7/2～ | 7/9～ |
| 6 | 水無月 | かに | 7/16～8/13 | 7/16～ | 7/23～ | 7/31～ | 8/7～ |
| 7 | 文月 | しし | 8/14～9/12 | 8/14～ | 8/22～ | 8/30～ | 9/5～ |
| 8 | 葉月 | おとめ | 9/13～10/11 | 9/13～ | 9/21～ | 9/28～ | 10/5～ |
| 9 | 長月 | 天びん | 10/12～11/10 | 10/12～ | 10/20～ | 10/27～ | 11/3～ |
| 10 | 神無月 | さそり | 11/11～12/10 | 11/11～ | 11/19～ | 11/26～ | 12/3～ |
| 11 | 霜月 | いて | 12/11～1/9 | 12/11～ | 12/19～ | 12/25～ | 2035・1/1～ |
| 12 | 師走 | やぎ | 1/10～2/7 | 1/10～ | 1/17～ | 1/24～ | 1/31～ |

## 旧暦 2033 年問題

西暦2033年の旧暦7月～2034年2月までの期間、旧暦の閏月を決める「天保暦ルール」が当てはまらず、特別な事態になることがわかっています。これを旧暦2033年問題と呼びます。代替案は3タイプあり、本書では閏11月案をもとに旧暦カレンダーを作成しております。すでに旧暦は廃止されているため、公的機関での結論がでておりません。2033・2034年の旧暦カレンダーについては、変更になる可能性もあるので、ご了承ください。

# おわりに

月の満ち欠けサイクルをいかした日々はいかがでしたでしょうか？

たくさんのことを書きましたが、最も大事なことは、自分の内側に意識を向けていくことです。内側の世界には、広大な宇宙が広がっています。

生まれたときの月や星々が配置されている図「ホロスコープ」には、内的な宇宙が描かれていて、そのホロスコープと命の響きあいは、日々私に深い感動を与えてくれます。

この世界には、目に見えない、科学では証明できないことがたくさんあります。けれども「月」は、神秘的で不思議な力を感じさせながらも、私たちの目にはっきりと見えて存在しています。月の力を体感していただくことで、見えない世界を信じてもらうきっかけになればとても嬉しいです。

私自身も、目に見える世界がすべてだと考えて生きていた時期がありました。しかし「月」や「占星学」を学んで内的な世界を知るほどに、実際に目には見えないものが、この世界を創っていることを深く理解することができました。

私たちの心も、意識も、魂も、遥か遠い宇宙の彼方も目には見えません。

人間が、宇宙と人との関わりに興味を持ちはじめたのは、約6000年前の縄文時代中期からとされています。

またその昔、航海をする際には星を利用して位置を把握し、目的地にたどり着くための方向を決定していましたし、農作業においては、星の位置や動きを観察することで、季節の変化を予測し、種まきや収穫の時期を決定していました。

古来の人々は月や星とともに生き、暮らしの中においても重要な役割を果たしてきました。古くからの智恵を現代に活用することは、これからますます大事になると感じています。

ホロスコープを活用していた心理学者ユングが、占星術とは五千年の歴史を持った心理学であると伝えているように、月や星々を日常に取り入れることは、古代から受け継がれた叡智を人生にいかすことにつながります。

これから目に見える物質的な世界が変化をむかえる時代に、助けになるのは目に見えない内的な心の豊かさです。

心が変われば健康な体は自然にもたらされていくことを、自分自身が体験しただけではなく、実際に目の当たりにしてきました。

内面に意識を向けることの大切さをこの本を通してぜひ体感していただき、ひとりでも多くの人の役に立てたなら幸いです。

この本の出版を叶えてくださったディスカヴァー・トゥエンティワンの大山様、ご指導いただき素敵な形にしてくださった同社の小石様には、多大なお力添えをいただき、深い尊敬の念とともに心から深く感謝を申し上げます。

この本を書き進めていく中で、新しい人生の流れが立ち上がりました。ある人の家を引き継ぐことになり、引っ越しの準備を進めているところです。

受け継いだ家は、山から切ってきた木を使った手作りの家で、大切に管理されてきた大地や山があり、段々畑が見え、昔ながらの日本の風景が広がる場所です。

どんなときも見守りサポートしてくれる夫とともに、自然の中でひとりでも多くの方の心と体の調律をさせていただけるように二人で力を合わせてまいります。

最後になりましたが、さまざまな影響によって、「最近なんだか調子悪い」という方が多くなっていると感じています。

本書を通じて「今日もなんだか調子いい」という方が、ひとりでも増えるように願っております。

2024年　松岡純子

# 参考文献


『月の癒し』ヨハンナ・ハウンガー、トーマスポッペ（飛鳥新社）

『月の魔力』A．L．リーバー（東京書籍）

『満月と魔力の謎』黒木月光（二見書房）

『超古代「ヴェーダ文明が明かす」最古の占星学』井上治彦（さんが出版）

『暦のある暮らし』松村賢治（大和書房）

『旧暦で今を楽しむ「暮らし歳時記」』松村賢治（PHP研究所）

『幸せを開く7つの扉《チャクラ》』片岡慎介、竹下雅敏 他（ビジネス社）

『安保徹のやさしい解体新書』安保徹（実業之日本社）

『安保徹の免疫力を上げる45の方法』安保徹（学研プラス）

『子どもを生きればおとなになれる――「インナーアダルト」の育て方』クラウディア ブラック（アスク・ヒューマン・ケア）

『クエン酸で医者入らず―新健康法』長田正松・小島徹（日東書院本社）

『自律神経を整えたいなら上咽頭を鍛えなさい　脳の不調は鼻奥から治せ』堀田修（世界文化社）

# 心と体を調律する月めぐり習慣

発行日　2024年 9 月20日　第1刷
　　　　2024年10月 4 日　第2刷

**Author**　松岡純子
**Illustrator**　福井彩乃
**Book Designer**　吉田考宏

**Publication**　株式会社ディスカヴァー・トゥエンティワン
〒102-0093　東京都千代田区平河町2-16-1 平河町森タワー11F
TEL　03-3237-8321(代表)　03-3237-8345(営業)
FAX　03-3237-8323
https://d21.co.jp/
**Publisher**　谷口奈緒美
**Editor**　小石亜季

**Store Sales Company**
佐藤昌幸　蛯原昇　古矢薫　磯部隆　北野風生　松ノ下直輝　山田諭志　鈴木雄大　小山怜那　町田加奈子

**Online Store Company**
飯田智樹　庄司知世　杉田彰子　森谷真一　青木翔平　阿知波淳平　井筒浩　大﨑双葉　近江花渚　副島杏南
徳間凜太郎　廣内悠理　三輪真也　八木眸　古川菜津子　斎藤悠人　高原未来子　千葉潤子　藤井多穂子　金野美穂
松浦麻恵

**Publishing Company**
大山聡子　大竹朝子　藤田浩芳　三谷祐一　千葉正幸　中島俊平　伊東佑真　榎本明日香　大田原恵美　小石亜季
舘瑞恵　西川なつか　野﨑竜海　野中保奈美　野村美空　橋本莉奈　林秀樹　原典宏　牧野類　村尾純司　元木優子
安永姫菜　浅野目七重　厚見アレックス太郎　神日登美　小林亜由美　陳玟萱　波塚みなみ　林佳菜

**Digital Solution Company**
小野航平　馮東平　宇賀神実　津野主揮　林秀規

**Headquarters**
川島理　小関勝則　大星多聞　田中亜紀　山中麻吏　井上竜之介　奥田千晶　小田木もも　佐藤淳基　福永友紀
俵敬子　池田望　石橋佐知子　伊藤香　伊藤由美　鈴木洋子　福田章平　藤井かおり　丸山香織

**Proofreader**　文字工房燦光
**企画協力**　ブックオリティ
**DTP・図版**　小林祐司
**Printing**　シナノ印刷株式会社



ISBN978-4-7993-3092-0
(KOKOROTOKARADAWOCHOURITSUSURU TUKIMEGURISHUUKAN by JYUNKO MATSUOKA)